週末バックパッカー

ビジネス力を鍛える弾丸海外旅行のすすめ

我妻弘崇

星海社

71
SEIKAISHA
SHINSHO

はじめに

仕事をやめてまで海外に行く必要などない

海外旅行。

バックパッカー、個人自由旅行、スケルトンツアー、パッケージ旅行、ノマドワーカー……今やさまざまな旅行のスタイルが生まれ、誰もが自分のスタイルにあった旅を楽しめる時代になった。それに伴い、旅に関する本も数多く出版されているが、僕が本書に封じこめたい思いは次の2点だ。

1 現役バリバリで働いている人が海外旅行に行くことのメリット
2 多忙な生活の中に旅を取り入れるＨＯＷ ＴＯ

もちろん、この2つの本流から分かれるさまざまな支流についても触れるが、ざっくり言ってしまえばこの2点に関して綴ろうと思う。要するに『働いている人に贈る海外旅行の本』ということになる。

まず、はじめに〝現役バリバリで働いている人が海外旅行に行くことのメリット〟について。昨今、テレビを点ければ毎日のように旅番組が流れている。それだけ旅に対する需要があるということだろうが、見れば見るほどその内容には疑問符が付く。お金を持っているリタイヤ組やセレブを対象とした優雅な旅番組、タレントが公私混同で旅行するバラエティ系旅番組、ディレクターがカメラを持って知られざる場所に行く情報バラエティ系旅番組……おおまかに分けるとこのようになる。どうして現役バリバリで働いている、普通の社会人に向けた旅を紹介する番組がないのだろうか。

では書籍はどうか？　時代が変わり、いつまで経っても沢木耕太郎の背中を追うかのような（ちなみに僕も沢木本は大好きです）世界一周系&放浪系の旅本に始まり、最近では「死ぬまでに行きたい○○」的な絶景ガイドブックも人気を博している。「死ぬまでに○○」の大安売りには辟易するし、〝死んだことがないのに言い切る〟、いかにもザ・売り文句!!　的発想に頭がクラクラしてしまう。LCC（ローコストキャリア／格安航空会社）の普及に合わせた〝上手に旅をしましょう〟といった現役で働いている人に向けた本もチラホラと目にするものの、どちらかといえば〝働いている人でも行ける〟という程度のものが多く、働く人々のためだけにカスタマイズされたものは少ない。

さまざまな旅のスタイルが生まれている割には、メディアで取り上げられる海外旅行の多くは、昔も今も〝時間またはお金に余裕のある人〟を対象とした、ステレオタイプのものばかりである。働いている人に向けたものが少ないのは、ニーズがないからなのか？　本当にそう言い切れるのか？　時代や状況が変われば、働いている人が主役になる旅もあるのではないのだろうか。時代が下るにつれ、これまでもさまざまな海外旅行のスタイルが生まれてきたではないか。

僕はこれまでの海外旅行の経験の中で、「働いている人こそが海外旅行に行くべき」と感じている。ビジネスパーソンが継続的に海外旅行に出ることで生まれるメリットは数知れず、必ずその経験は仕事にも活きると断言できるからだ。海外に行けば、

・徹底したスケジュール管理能力が身につく
・限られた時間内で、目的を持つことの重要性を感じる

・目的を達成するための判断能力・情報収集能力が向上する
・交渉によって、コミュニケーション能力が高まる

詳細は各章で列記していくが、身をもって実感した経験を、ビジネスパーソンに伝えたい、そして興味を持ってくれるのなら実践してほしい、そういう思いがこの本には通底している。

続いて〝多忙な生活の中に旅を取り入れるＨＯＷ ＴＯ〟としての役割について。ビジネスパーソンに向けたビジネス書、指南書を見ると、その敷居の高さに驚くことがとにかく多い。というのも、「○○を心がけよう」「○○から変わるあなたの意識」など、確かに実践できればすばらしい考え方・行動が列挙されているものの、あまりにハードルの高いものが多く、読んだ翌日から実践することは極めて難しい。「ビジネス書を読みあさっている人ほど仕事ができない」という、皮肉な状況が散見されるのは、このためだろうと推察する。

職場や社会で、インプット→実践→改善といった一連の経験を得ることは、なかなか難しいことではないだろうか。もし、この流れを他の環境下に置き換え、そこで得た経験を仕事にフィードバックさせることができれば少なくとも〝ぶっつけ本番〟にはならない。その仮想の実戦場として海外旅行が役に立つということを本書では説明していきたい。ビジネスパーソンたちが、気晴らしに海外旅行に向かい一石二鳥で社会・職場で活かせるノウハウも身につけて帰ってくる。それくらいライトな感覚で自分を高められるHOW TO本が1つくらいあってもいいのではないだろうか。

僕の実体験を話そう。あれは、イスラエルを旅したときのことだった。夏休みを利用して10日ほどエルサレムを中心に周遊していた僕は、イスラエル南端の街・エイラットで世界一周中のY君と出会った。彼はその時点で世界各国を1年半かけて周り、未踏の地は、残すところアフリカ大陸のみ。旅は終盤に突入しようとしていた。これまで多くの日本人と旅先で会い、話をしてきたという。

どうして旅をしているのかと聴いてきてくれたので、「働きながら、忙しい合間をぬって旅をすることで、仕事の力が付くから」と僕が持論を語ると、「初めて会いましたよ、そんな理由の人……面白いなぁ。そっかそういう風にも考えられるのか」と感慨深そうに（僕にはそう見えた）頷いてくれていた。

彼は仕事をやめて世界一周を試みている人物だった。気さくだし協調性もある。顔だってイケメンの部類に入る。営業なんかをやらせたら、いい成績をあげそうな男だ。一見、仕事をやめる理由はどこにも見当たらなかったが、この先続けていて意味があるのかわからない仕事よりも、一生に一度できるかどうかの世界一周を選んだという。

「仕事をやめてしまったら、我妻さんが言ったことは実践できないですね……それは悔しいなぁ」

と話す彼に僕は、

「大丈夫だよ。旅から帰って仕事を見つけた後でも体と頭は覚えているさ」

と伝えた。

この言葉に嘘はないが、自分の「旅の学びを短い周期で仕事にフィードバックできる」という状況に優位性を感じたのも確かである。Y君が悔しがってくれたのはこの点だろう。

〝鉄は熱いうちに打て〟ではないが、旅で持ち帰った経験は、できることならすぐに自分の生活に落とし込んだほうがいい。特に、その効能は仕事面に強く出る。だからこそ僕は、旅をもっと効果的に、自分の人生に〝利用する〟人が増えていいと考える。

仕事をやめてしまうのは、そのあとの復職までの労力を考えるともったいない。仕事をやめるのは、「海外で持ち帰った経験を活かせない」と判断した後でも別にいいはずだ。はっきり言ってしまえば、「仕事をやめてまで海外に行く必要なんてあるのか？」とすら思う。仕事をやめないで目的意識や成長を促すことができる旅があるなら、それにこしたことはないのだ。のびのびと自分のスキルを伸ばすことを考え、体感してほしい。ビジネス本とにらめっこをして、いきなり実践するなんてちょっと無理し過ぎじゃないだろうか。働いている若い人が、働きながらもっと自分の人生の彩りを豊かにできるコツがあってもいいではないか。

本書では、第一章に海外旅行で必要な要素とビジネスシーンの接点を。第二章では、海外旅行に対し二の足を踏む人へのアドバイスを。第三章は、主なアジア諸国における国別の特性と目的ポイントを。第四章は、海外旅行で役立つテクニックや道具の紹介。そして第五章では、海外旅行から学んだ社会で活かせるヒントについて綴ろうと思う。

本書が、あなたが旅に出る〝きっかけ〟になってくれれば、こんなにうれしいことはない。

目次

第二章　海外旅行はめんどくさくて金がかかる……と思い込んでいるあなたへ　73

第三章　国から選ぶ〝対自分用〟目的ポイント　127

第五章　人生観など変える必要なし！　217

第一章

短い旅で自分のスキルを成長させる！

あなたは自分の〝声〟を持っているか？

「自分の声を持たないものは魅力的なビジネスパーソンになれない」

これは僕がよくお世話になっている東京中小企業家同友会に籍を置く社長たちの言葉だ。就職活動をしている学生が、就活マニュアル本に書いてある内容を暗記してきたかのように話し始めると、その時点で人事担当者は頭を抱えるという。同じことを正確にオウム返しのように話したり、無機質に作業したりするなら、コンピューターのほうがはるかに優秀だ。

我々はどういうわけか生きている。文字通り、〝生〟の存在だ。だからこそ、コンピューター以上に学ぶ機会を持ち、生きていくためのスキルを脳みそのなかにインストールしていかなければならない。それを放棄することは、いつまでも自分の考え方が未熟なままということにつながる。せっかく生きているのだから、常に自分の肥やしになる体験をしたほうがいいに決まっている。それができる人は、誰かもインストールしそうな安易なマニュアル本には手を出さないはずだ。それぞれ違う景色を見て、違う人生を生きているのに、何が悲しくて同じことを言わなければならないのだ。

会社は新卒者であろうが中途採用者であろうが、辞職しない限りその人に給料を支払い続けなければならない。日本人の平均生涯所得は約2億円と言われている。つまり、企業はあなたに2億円を支払い続けるだけの価値があるかどうかを見出し、採用している。その投資先が、可もなく不可もなくどこにでもあるような存在だった場合、投機者の選ぶ手が鈍るのは当たり前ではないだろうか。どんな些細なことであれ、自分の声で意思を伝えられないものに〝信用〟の二文字は生まれづらい。そして、それは就活生に限った話ではない。20代、30代の若いビジネスパーソンも同じだろう。

内容のうすいビジネス本には、簡単にこんなことが書いてある。「コスト管理を心がけましょう!」「継続を心がけることであなたの意識は伸びる」など、無責任ともとれる文章が並んでいることもある。例えば、「ゴールから逆算してスケジュール管理を心がけていきましょう」なるアドバイス。これ、意味あんのか? そういった成功体験がない人は、そもそもどうやってゴールを設定すればいいんだろうか? マラソンを走り切ったことがない人に、マラソンを走り切るイメージでペース配分しましょうと言っても無理ゲーだ。

人は自分で得た手応えこそ、真っ先に信頼が持てるカードとして重宝していく。なぜ他人の職場での成功体験=自分の成功体験と思えるのだろう? それを模倣しても、それはあなたが自らの足で得た情報や引き出しじゃない。そんなことを続けていても成長はないし、何よりどこかで見たことのある人になってしまい、どんどん自分の価値を下げてしまいかねない。濫発されるビジネス本は、濫発されているという事実そのものが、「効果がありません」と自白しているようなものであり、ごくごく一部の人にしか効能がないことを証明している。さも万能の薬かのように良いことばかり書き連ねるビジネス本。その影がおいしい話ばかり吹聴して近寄ってくる詐欺師にしか見えないのは、僕だけだろうか？

机上の空論ではない手ごたえや成功体験を得ることで、人は自信を深め、自分の〝声〟を手に入れていく。僕はその舞台として、海外旅行を提唱する。

ビジネス本を読んで決意を新たにしただけでは、人は変わらない。

一方海外旅行は、自身の変化を、短期間で体感することができる。例えそれが4泊5日であろうとも、きっかけや実感を得ることに、時間の長さは関係ない。大事なことは、手応えや成功体験を得られるかどうかだ。海外旅行というのは考え方によって、ビジネス本などはるかに凌駕するノウハウに溢れている。おまけに海外旅行は、人によって千差万別、まったく違う体験をすることになる。たまたま、AさんとBさんがコミュニケーションの意識に変化が訪れる貴重な体験を海外でしたとしよう。だが、Aさんはミャンマーで遭遇したトラブルから得た経験かもしれないし、Bさんはメキシコで出会った人物から感銘を受けたかもしれない。つまり、誰かの体験を模倣したのではなく、自分の経験から手に入れた実感ゆえ、そのコミュニケーションの極意はその人のオリジナルとして各人に宿っていくようになる。それは他でもない自分だけの声や手応えとして、人生の奥底にゆっくりと沈殿していき、やがて熟成していく。

例えば海外旅行では、リスクに対する考え方を、実体験をもって学ぶことができる。日本とは勝手の違う国に行くわけだから、その国のことを最低限は調べるはずだ。特に、せっかく海外にまで足を運んだのにイヤなことや不味いものに遭遇するのは誰もが避けたいので、事前に情報を精査してリスクヘッジをする。頼りない人のペースに乗っかろうものなら、自分の旅が台無しになるし、もしかすると高額な絨毯や宝石などを買わされてしまうといったトラブルに巻き込まれることだってある。限られた時間の中で出かける海外だからこそ綿密にスケジュールを組もうとするのではないだろうか？　目的地までの時間や移動方法、何が一番ベターかを考えて行動するに決まっている。

海外旅行に行く癖をつけると、こういったことが日常でも自然にできるようになっていく。旅に行くことで醸成された意識の変化が物差しとなり、仕事の能力が上がっていく。

成功体験や自分の肥やしになることは、職場だけで得られるものではない。旅のような、プレッシャーから解放された環境だからこそ見えてくる景色もある。そういう瞬間と数多く巡り合ってこそ、自分だけの考えや声を持てるようになっていく。

働きながら旅行に出かけるという選択

海外旅行に行くことで、ビジネスパーソンに必要なスキルが身に付くとは思えないと考える人もいるだろう。しかしこういった考え方は、なにも僕だけが声を大にして主張しているものではない。例えば、ランニング歴25年を誇るヤマトホールディングス（ヤマト運輸の持ち株会社）の瀬戸薫会長は、「マラソンは経営に通じる」との持論を掲げている。もちろん、海外旅行とマラソンは別物だが、仕事以外の経験をビジネスシーンに転化することができるという考え方は共通だ。

瀬戸会長のランニング式経営思考とは、「スピード＝収入（売上高）」「スタミナ＝コスト（経費）」「けが＝不祥事」という3つの要素からなるものだ。スタミナを例にとって考えてみよう。ランニングには、健康管理が欠かせないという。日ごろから体調を調整するために、「無理やムラ」を減らすことを心がけるようになる。日々の習慣として体調管理ができれば、自己管理や時間の管理もできるようになっていく。細かい注意と調整が身に付くことで、企業経営におけるコスト管理も意識できるようになるというのだ。

皇居ランナーの多くが丸の内界隈に勤めるエリートビジネスパーソンであることから、〝ランニングをたしなむ人＝仕事人としても優秀〟というのが、まことしやかに囁かれている。また、体育会系出身者に仕事がデキる人が多いというデータもある。厳しい練習環境と上下関係に身を置いてきたためストレス耐性が強く、常に結果を問われるスポーツの世界を知っているからこそ目標達成意欲も非常に高い。さらに、試合での駆け引きや練習方法のアイデアなどを出せる問題解決能力の高い人も多いため、会社の中で頭角を現す人も少なくないのだとか。

このように職場とは違うところで得た体験が、働く人にとって結果としてプラスになることは往々にしてあるのだ。

あらためて僕は、働いている人にこそ海外旅行に行ってほしいと、声を大にして言いたい。理由は、旅で得た経験を活かす場がビジネスパーソンにはたくさんあるからである。活かすことでどんどん自分のスキルや視野は広がっていく。旅行は〝楽しい〟以外に、さまざまなものと出会う。万治元年（1658年）に発刊された浅井了意の「東海道名所記」の書き出しにはこうある——。

「万事おもい知るものは旅に勝ることなし。鄙《ひな》の長路を行きすぎるには、物うきこと、嬉しきこと、腹の立つこと、面白きこと、あわれなること、恐ろしきこと、危なきこと、可笑しきこと、とりどりさまざまなり」

いつの時代も旅が持つ魅力や魔力は変わらない。そして、旅から得るものも不変である。20代30代のこれからを担うビジネスパーソンに海外旅行を〝利用〟して社会的にたくましくなっていってほしいのだ。

もっと楽しみながら、その上でビジネスパーソンとして活かせるテクニックや体験を習得できないものかと考えたときに、僕の場合はそれが見事なほど海外旅行に当てはまった。なかでも〝自由旅行〟で行く海外旅行は、仕事で活用できるスキルに溢れていて目から何枚もウロコが落ちた。僕は、海外旅行で得る体験が仕事に活かせることを感じて以来、「リフレッシュついでに旅を利用してやろう」という意識と心がけが生まれ、年に数回ほど海外旅行を計画するようになった。旅行には、パッケージ旅行、スケルトンツアー、手配旅行などさまざまなスタイルがあるが、個人の能力を引き上げるという点で考えれば、計画性や行動力を必要とする自由旅行の効果は圧倒的だろう。

社会人に求められる要素とは何だろうか？　知識や見識はもちろん、行動力、処理能力、判断力、コミュニケーション能力、アイデア力、管理能力、情報力……あげればキリがないが、これらはどれもあるにこしたことはないはずだ。個人で計画して、手配して、現地でやりくりする海外旅行というのは、先述した要素が必要となり、否応なしに鍛えられていく。気分転換をしに海外に行ったはずが、日本に戻ってくると「あら不思議！」、自分のスキルが知らずにステップアップしている、人間的にたくましくなっているなんてことも珍しくないのである。楽しみながら自分のスキルもあがっていく……自由旅行ゆえ苦労する部分も多少あるが、それでも働いている人が海外に行く価値があると強く推奨したいのは、活かせる場を持つビジネスパーソンだからこそ、海外での体験が社会でも応用が利くと身につまされるからだ。しかも、いまどきの自由旅行で行く海外は、昔のように難しくキツいものではないわけで、それこそ気軽に体験することができてしまう。

誰でもカンタンに旅に行くことができる時代

僕が初めて海外旅行に行ったのは29歳のときだった。しかも、最初の旅行は「スイスへ行きたい」という叔母の意向に同行する形で参加したパッケージ旅行。今でこそ頻繁に海外に出かけるようになったが、最初の取っ掛かりはそんなもんだった。その1年後、親しい友人がタイで挙式をすることになり、ゴールデンウィークを利用し友人数名に加え両家の親族とともに、成田空港からシンガポール経由でプーケットに行くことになった。

どちらも〝たまたまその国に行くことになった〟わけで、自分の意志でスイス、タイを選んだわけではなかった。とは言え、アルプスに囲まれた先進国・スイス、いくつものビーチスポットが点在する途上国・タイのプーケットという全てにおいて対照的な二つの場所を約1年の間に訪れたことで、「世界は広いな」とありきたりな感傷に浸ったことを覚えている。

遅咲きとも言える海外旅行への興味、ところが、あまり時間はない、そしてお金もない、という二重苦。「自分の意思でサクッと行ける旅行はないか」などと考えていたところに、タイミングよくエアアジアの羽田―クアラルンプール就航のニュースが飛び込んできた。その数か月後、短い期間ではあったが僕は友人と初めてバックパック旅行を東南アジアから始めることになった。

「行きたくても行く時間もお金もない」。そんなことを思っている人も少なくないだろう。しかし、本当にそうだろうか？　旅のスタイルは日本各地へのＬＣＣ就航により劇的に変わりつつある。先述したように僕自身、その恩恵を受けた一人だ。同時に、海外旅行に一切興味を持っていなかった一人でもあった。「何が嬉しくてわざわざ危険を冒して、高い飛行機代を支払ってまで国外に行かなければならないんだ？」と考えていたほどだ。スイスとタイを訪れたことで、海外に興味は抱きつつあったが、あくまでぼんやりとした〝海外〟であり、明確な目的を持った〝海外〟ではなかった。「何のために行くのか？」。当時は、その動機が見えてこなかったからだ。

ところが、大手航空会社の半分ほどのコストで海外に行くことができるエアアジア（ＬＣＣ）が現れた。「乗る人がいなくて赤字になるなら、乗る客を作り出せばよい。それには沿線に人の集まる場所を作ればいいのだ」とは、阪急電鉄や宝塚歌劇団をはじめとする阪急東宝グループ（現・阪急阪神東宝グループ）の創業者・小林一三の言葉だが、状況が変わることで人の流れや思考が変わることは往々にしてある。何もなかったところに線路が敷かれ駅が作られ商業施設が建てられれば、人は勝手に集まってくる。僕自身、海外というものに明確な目的を見出していなかったが、『〝短期〟であっても〝価格が安く〟それでいて〝自分で計画〟できる海外旅行』という状況を作り出したLCCの日本就航は、海外への目的意識を変貌させるに十分だった。「国内旅行に行くのとコストが同じなら海外でリフレッシュしてこよう」、漠然とはしていたが最初はそんなようなありふれた動機を抱いていたと思う。

「海外サイコー！」「あの経験が忘れられないからもう一度！」というような感情的な経験に起因しているわけではなく、僕はあくまで状況の変化によって海外に〝行く〟〝行ける〟ようになった一人だった。状況が変われば、さまざまな影響が出てくる。当初は、「価格が安いから不安だ」などの意見も多かった格安航空会社だったが、今現在の日本のLCC業界の盛況を見れば、ものの見事に「乗る客が作り出されている」ことは明白だろう。

「キルギス・イシククル湖南岸・絶景騎馬トレック9日間」、「中国チベット文化圏・アムドのルロ祭と農村ホームステイ7日間」など、大手旅行会社では真似できない海外先での手作り感を大切にしたプランが人気の『風の旅行社』のグループ会社で、テーマ型、目的型に特化した株式会社『風のカルチャークラブ』代表取締役・嶋田京一さんによれば、昨今の旅行スタイルはさらに多岐にわたるものに変移してきているという。ＬＣＣの普及もあり大手航空会社も格安航空券（ＩＴ運賃）をお客に直に販売するようになってきている流れができつつあるからだ。

ＩＴ運賃とは、海外旅行で現地での観光や宿泊を含めたパッケージツアーを企画する際に適用される航空券の料金のことである。旅行会社は、移動に要する費用や宿泊代に加え、ＩＴ運賃を含めてパッケージツアーの費用を算出するわけだが、ＩＴ運賃はＧＩＴ＝団体包括旅行と、ＩＩＴ＝個人包括旅行の2種類がありノーマル運賃よりも安く設定されている。本来であれば、パッケージツアーの個人・団体客にしか販売できない運賃形態であり、航空会社が個別に消費者へ販売できる航空券ではなく、旅行会社がこのＩＴ運賃の航空券をバラ売りするかたちで、低価格で個人客への販売を行うという航空会社黙認のルールがあったわけだ。

ところが全世界的にＬＣＣが猛威を振るっていることもあって、航空会社自体が直売りを開始してしまった。ＬＣＣを利用する個人自由旅行を含めたさまざまな旅のスタイルが生まれることは、パッケージや手配旅行を売りとする旅行業界にとっては顧客が減ることになりかねない。業界が冷え込むということは、旅行会社が仕入れたIT運賃チケットが余るということになる。売れなかった席分だけ航空会社に返却することになるため、航空会社とすれば損失が生じることになる。その業況を危惧した航空会社は、「だったら最初から個人に格安航空券を販売したほうが効率がいい」という方向にシフトしているという次第なのだ。さらに輪をかけて、燃油サーチャージ料金がコロコロ変わるという状況もあり、航空会社と旅行会社のつばぜり合いは、かなりタイトに繰り広げられている背景もある。

旅行会社としても航空会社の手のひらで踊らされるようなリスクを減らしたいため、さまざまなプランのツアーを用意するようになってきているという。

例えば、風カルチャークラブでは、今後は〝現地集合〟の海外旅行プランも視野に入れているという。航空券料金の選択肢が増えてきていることで、お客さんの中には「旅行代金における航空券料金を浮かしたいから自分で割安のチケットを取る」と考える人も少なくないというのだ。それまでの旅行の価値というのは、（機内サービスを含めた）飛行機に乗ることもサービスや対価の1つと考えられてきたが、今後は旅行の〝中身〟、つまり現地で何をしてどんな対価を得られるかという本質のみを重要視するニーズが増えてくる可能性が高い。

海外旅行は、我々が知らない間にどんどん深く、そして多岐に渡るものへと変化を遂げている。価格帯やスタイルが多様化してきたことで、旅行者の選択はもちろんのこと、旅行代理店のアイデアも広がってきているのである。もしかすると近い将来、アッと驚くような旅のプランや旅のスタイルも登場するかもしれない。これだけ状況や環境が変わりつつあるなかで、「お金が……」「時間が……」などの理由で旅行を敬遠してしまうのは、本当にもったいないことだと思えてならない。

旅行に行く動機、インセンティブが見つからないという人もいるかもしれないが、僕のように「LCCが就航した」という環境的変化で食指が動いた人間もいる。「旅」と聞くと改まってしまうイメージもあるかもしれないが、旅に難しい動機など必要ない。旅行へのスタンスが気持ちの面で十人十色なように、行く手段やお金のかけ方も千差万別になってきているのだ。最初の動機は何だっていい。まずは、「アナタ次第で海外旅行はどのようにも化ける」ということを頭に入れておいてほしい。

現在、僕は年に複数回のペースで海外旅行に行くようにしている。夏休みやゴールデンウィークなどを利用して1週間以上休みが取れる場合もあれば、4日間ほどでサクッと帰ってくるケースもある。先述したようにLCCの登場で金銭面に関しては劇的な変化を遂げていることもあり、短い日数のときはほとんどアジア（東南アジア）に行くことにしている。そのため本書ではアジアを中心に考えていくことにする。

自営業者である僕は企業に勤める人とは環境が異なるが、試しに4泊5日の旅程で考えてみよう。ハッピーマンデーと有給1日を利用すれば、比較的誰でも丸々4日は休めることになる。エアアジアを例にすると、羽田発クアラルンプール便の出発時刻は23時過ぎなので、仕事を終えて木曜日の夜に搭乗すれば金曜日（有給使用日）の早朝にはクアラルンプールに到着していることになる。機内で眠ることができれば金曜の朝から行動が可能となり、金、土、日、と現地滞在を楽しみ、月曜日のお昼過ぎにクアラルンプールを出発し、その日の夜に羽田に戻ってくることができる。

本書で掲げている要素を考えたときに、旅行が好きな人は1つの疑問が生まれるかもしれない。「ソウル3日間○万円！」「台湾4日間○万円！」など旅行会社が提供するスケルトンツアーと呼ばれる、航空券とホテルとの組み合わせを基本とした格安のツアー形態ではだめなのか？　と。残念ながらスケルトンツアーは〝お手軽さ〟を最大限に演出したツアーなので、オプショナルツアーをはじめ定型的な旅行になりがちになる。また、訪れる場所も東アジアの都市部と東南アジアのリゾートスポットに特化しているケースが多いため、実利を求めるよりも羽を伸ばしに出かける方が賢明だろう。
ここで、旅行の種類を整理しておこう。やや主観的になる部分もあるが、本書内ではこう区別しているという意味で、ご容赦頂きたい。

【自由旅行】
旅行者個人が旅行プランを策定し、航空券やホテルの予約も旅行代理店を通さずに自力で行う旅行形態。一般に自由旅行と呼ばれ、バックパッカーなども通常この形態に属する。

【手配旅行】
旅行者個人が旅行プランを策定し、必要に応じて航空券やホテルの手配を個別に旅行代理店に依頼する旅行形態。旅行代理店を通さないと予約が難しい行き先（途上国の辺境など）が旅程に含まれている場合も利用される。手配旅行も一般に自由旅行に含まれることが多い。

【受注型企画旅行】

旅行者の希望に応じて旅行代理店側が旅行プラン（「企画」）を策定し、旅程全体を旅行代理店が一括して予約・管理する旅行形態。ツアーが存在しないような場所に行きたい場合などに利用される。

【募集型企画旅行（パッケージツアー）】

旅行会社が旅行プランを策定する旅行業法上の「募集型企画旅行」の中で、個人行動が主体であり原則として団体行動を伴わないプラン。現地滞在時間の多くが自由行動で占められているのが特徴。最近では「フリープラン」「パーソナルプラン」「ハンドメードパッケージ」などの名称でも呼ばれ、多くの旅行会社が積極的に売り出している。

なぜ働いている人にとってプラスになるのか

海外というのは〝異世界〟以外の何ものでもない。なぜ外国人が渋谷のスクランブル交差点をあれほど面白がるのか？　という視点は、我々が海外に行けば分かる。現地人からみれば当たり前のことでも、我々日本人からすれば「?」なことがいたるところにたくさん溢れている。その発見は何度行っても尽きることはない。この「?」をひも解いていくことこそ、本書の鍵となる〝仕事で使える〟という点とも結びついていく。働きながら海外旅行に行き、多くの「?」と出会うことで知らずに自らが磨かれていく。そして、その体験が日本に戻って仕事をするときに、さまざまなシーンでフィードバックされていくのである。

マレーシアを旅したときに、『KIBLAT』という目印をやたらと目にすることが多かった。最初は非常時の緊急経路の説明だろうとたかをくくっていたのだが、宿に戻ってベッドで横になると天井にも『KIBLAT』の文字が書いてある。しかも具体的に矢印で方角を指している。さすがにここまで『KIBLAT』が図々しく主張してくると気になって仕方ない。スマートフォンで調べるのは面白味に欠けたので、フロントの従業員に訪ねてみると、

「メッカの方角を指している目印だよ」

と教えてくれた。なるほど。マレーシアはイスラム教の国なので、どこにいても礼拝ができるようにと「KIBLAT」(「QIBLAT」とも)なるメッカの方角を教えてくれるマークがあるのだ。特に宿泊施設は外国から来訪する他国のイスラム教徒も多いため、このような配慮がなされているということらしい。

一見、何てことのないエピソードだが、この「KIBLAT」が教えてくれた体験は「?」が

生んだ発見だ。現地人からすれば何の変哲もない「KIBLAT」の目印が、異国者からするとこれほど気になって仕方のないことはない。ところがフタを開ければ、「KIBLAT」はなくてはならない目印であり、マレーシアの人だけではなくイスラム教徒にとってとても意味のある配慮だったことが分かる。ちなみに「KIBLAT」の目印は、イスラム諸国ではマレーシアとインドネシアが圧倒的に多く、本場である中東の国ではあまり見かけないという。この話は他愛のないトリビア話で着地させることもできるものの、人によってはアイデアになりうる話でもある。〝人によって〟というのは、もちろん働いている人たちのことだ。

例えば、多くの人に伝わるような訴求効果の高い企画やアイデアを考えなければならない案件があるとする。そのときにこの「KIBLAT」の体験はヒントにならないだろうか？いたるところにあった「KIBLAT」の文字だったが、決定打となったのはベッドで横になった際に天井にまでマーキングされていたという〝やりすぎ感〟。こうなると気になって仕方ない。真相を確かめると、その文字が人々の役に立つものであることが分かり、やりすぎ感も氷解。「そういう理由なら……なるほど」とむしろ微笑ましくも思えてくる。同時にホテルという場所ゆえの配慮や、中東には少なく、マレーシアとインドネシアというメッカから離れた場所ゆえのアイデアという立体的な情報も把握できる。神は細部に宿るとは聞いていたが、ホテルの天井にも宿っているとはさすがである。

これは別にアイデアを出せというときに限った話ではない。配慮や言葉の力、サービス(あえてサービスと呼びたい)というものを考えたときに、「KIBLAT」には無視できないアイデアが詰まっていると思うのだ。海外には「?」なことをきっかけに学べることが山のようにたくさんある。しかもその「?」は、自分の興味・無興味に関わらず視界に飛び込んできたり、身をもって体験させられたりするから面白い。人は不用意に自分の懐に入られると気になって仕方なくなる。「チッ! なんだよ勝手に自分の領域に入ってきて」と多くの人が思うだろうが、自分から海外へのボーダーをまたいでいる以上、この「チッ!」が「エッ!?」に変わる。好奇心が頭を柔らかくさせ、「どういうわけだ?」と思考力を高めていくことにつながってくる。

もちろん旅をしている以上、リフレッシュを一番の主眼にするのも当然だ。しかし、異国である以上、日本とはまったく勝手が異なるため連続的に新鮮な発見と遭遇することになる。できればその発見を瞬間的な体験ではなく、永続的な体験として覚えておいてほしいのだ。

そもそも根本的なこととして〝日本語がまったくない世界〟をどれだけの日本人が改め

て想像できるだろうか？　海外によく行く人であればこの感覚は百も承知だろうが、普段日本で暮らしている我々が、言語や広告、表示すべてにおいてまったく日本語が存在しない場所に行く……ロシアでは、マクドナルドやスターバックスなどのお馴染みの英語表記ですらキリル語に切り替わってしまう、それはどういう効果をもたらすだろうか。

生物は環境が変わるたびに進化を遂げてきたという歴史を持つ。環境がまったく異なることで、海外旅行に行けば一時的とはいえ、自分の頭と体が対海外用にメタモルフォーゼしていく。1年中30度を超える熱帯圏の国の首都機能と、夏は30度を超え冬は氷点下になる国の首都機能であれば、どちらがより多面的な構造をしているか？　と考えてみれば分かりやすいかもしれない。後者の方がふれ幅があるため、為政者はその分フレキシブルに考えなければいけないに決まっている。こういった未知の経験の積み重ねが、あなたを人間として大きくし、思考をより柔軟にしていく。そういったことを実感した僕は、いまや海外旅行を〝利用する〟、そして〝スキルを磨く〟という実利を求めて海外に出かけるに至っている。

松下幸之助は、社員とは会社の中にあって独立した事業を営む主人公であり、自分の机をお店にしての経営者である、すなわち社員とは〝社員家業〟の店主であると説いている。

サラリーマンであってもスキルやネタを仕入れることを忘れず、職場というマーケット・顧客に受け入れられる創意工夫を怠るなというわけである。それぞれが家業である以上、それぞれ独立したやり方があっていい。海外に行くということは、誰でもできる絶好の仕入れ場所なのである。そして職場というのはこれ以上ないマーケットの場ということを忘れないでいただきたい。

旅行を点ではなく線にして社会・職場で活かす

独立した社員家業であるならば、個人商店が定期的に品物を仕入れに行くように、働いている人も定期的に素材を仕入れに行くことが望ましい。旅を一時的な思い出として完結させるのではなく、できることなら〝その次〟を視野に入れることが大切だ。

「?」を発見することは自分の能力を拡張していくことにつながり、海外旅行に出かけるということは〝準備〟を怠らない癖が自然と身につくようになる。海外旅行で求められるスキルというのは、実は仕事に落とし込むことのできるスキルに溢れていて、「はじめに」で触れたY君とのエピソードにあるように〝仕事で活かすこともできる〟作業がたくさんある。海外旅行での日常的な行動が仕事にも役立つという話は、Y君だけでなく旅先で出会った多くの日本人旅行者からも賛同を得ることが多く、海外旅行へたびたび出かける人であれば、今行っている旅を次回の旅につなげるという部分に関しては、「なるほど！」と多少なりとも理解していただけるのではないかと思う。

そもそも旅行を単体の点として割り切るのは少しもったいないように思う。リフレッシュ目的で行った旅行にしても、「今回はかなわなかったけど次回にとっておこう！」「今回ココが面白かったから次回は関連しているあそこに行ってみよう！」と、実は多くの人が〝次〟を予感して旅を終えているのではないだろうか。ところが、実際に〝次〟に行くまでに時間がかかったり、そのときに感じていた〝次〟を時の流れとともに忘れてしまう人が多い。

働いている以上、旅行は自分の人生にとって残念ながら〝点〟にしかならない。ところが、点（旅）と点（旅）をつなげれば、〝線〟としての経験が培われていく。気軽にアジアに行く程度の旅行を繰り返すだけでも問題ない。繰り返し行くことで、その都度自分が感じる手応えは変わり、達成感も変わってくる。「前回失敗したけど、今回はうまくいった！きちんと交渉ができるようになったなぁ」、「自分の意志をはっきりと言えるようになってきた！」など小さくても変化が分かることが重要なのだ。継続的に旅を続けることで、点が線になり、線が立体を生み出すまでに発展していくようになる。

点を点で終わらすということは、はっきり言って経験しなかったに等しい。次に対して興味を持つ、次を意識して動くということは、それだけ視野が豊かになるということであり、キャパシティが増えれば増えるほど、自分の引き出しが増えていくことにもつながってくる。

旅行を〝単なる思い出＝点〟と割り切るのは、もっと広がるかもしれないキャパシティを最小限に食い止めてしまいかねない。旅行というのは、継続的に行くことでどんな動機であれ、その人を成長させる要素をザクザクと産出する舞台装置になりうる。旅行期間の長い、短いは関係ない。太く短い海外旅行が可能となった今だからこそ、旅行を点ではなく線にまで発展させるという意識を持つことが大切だ。もちろん、疲れた体をリフレッシュさせるために海外旅行に行くという動機で構わない。最初は軽い動機でもいい。その上で少しばかり仕事にも活きる部分があることを意識し始めればいい。継続的に海外に出かけるようになると、おのずと仕事にも還元されていることが自覚できていく。僕が冒頭部分で「仕事で活かすこと〝も〟できる」と言ったのは、まさにここである。線になる旅行というのは、〝リフレッシュ〟という一次元的な効果では終わらないのだ。

リクルートが都内在住の22～30歳の人を対象に行った調査では、新社会人が身につけるべきスキルTOP5は以下のようになっている。

1位 コミュニケーション能力
2位 理解力
3位 自己管理能力
4位 行動力
5位 ＩＴ力

これらの要素は確かに、社会で生きていくうえで欠かせないものだ。では、海外旅行を継続（1年に1～2回のペース）していくために必要なことは何だろうか？

・好奇心や行動力などのモチベーションをどう持つか？
・出発までのスケジュールをどう管理するか？

・短い旅行期間をどう使うか？
・旅先でできることとできないことの取捨選択をどうするか？
・現地でのコミュニケーションをどうするか？

だいたい皆さんが海外旅行に行くにあたって、あれこれと考えてしまう鉄板要素はこんな感じではないだろうか。自分の海外旅行スキルと照らし合わせたうえで、これらを考えつつ行き先ややりたいことを決めていくと思うのだが、新社会人に求められている要素と似ていないだろうか？

点（旅）と点（旅）を線にするといっても、多くの人にとってその線上には仕事がある。実際は、線といっても旅行─仕事─旅行─仕事……こんな具合になるわけだ。ところが、社会人に求められているスキルが、意外に旅行で必要な要素とリンクしている。であるならば、旅行と旅行を線にするだけでなく、旅行と仕事の点も線にしたほうがより効果的だと思うのだ。海外旅行スキルも伸びて、仕事での必要な要素も伸びる。リフレッシュをするために行ったはずが、少しの心がけで必ず仕事に活きるようになるのだ。

そのために徹底的にスケジュール管理を心がける

海外旅行に行くとなるとある程度の期間が必要になるが、金銭的にも期間的にもライトな旅をすることができるようになったことは先述した。連休に加え有給を利用した3泊4日、4泊5日のプランであれば、働いていても海外旅行に出かけることは決して難しいことではなくなりつつある。

そこで心がけてほしいことが、海外旅行に行くための時間を創出するために、〝自分の仕事のスケジュールを事前にきちんと管理しておく〟ことだ。前項で紹介した新社会人に求められるスキルの3位「自己管理能力」は、まさにこの点とシンクロしてくる。自己管理能力には、体調管理はもちろん、仕事のスケジュール調整や段取りなどが求められると思う。さながら1ヵ月間のスケジュール、1週間のスケジュールをそれぞれ作って、案件をレベル分けし、火急の要件からスムーズに仕上げていく……といったスケジュール法を推奨している人も少なくないだろう。そこに「何か月後に海外旅行に行く」というスケジュールがあったら、もっと具体的にスケジュールを作ることができないだろうか？　自らデッドライン（背水の陣）を作るだけでなく、いわば自分にとってのニンジン（楽しみ）を何か月か先にぶら下げるほうがやる気も出てくるだろう。

スケジュール管理や段取りは、旅行前、旅行中、旅行後の3つのタームを念頭に置いて管理してほしい。例えば、9月にあるハッピーマンデー「敬老の日」を利用した三連休を組み込んで短期間の海外旅行を計画した場合。航空券は搭乗日よりも早ければ早いほど比較的安く購入することができるので、「半年前には購入する（半年前にはチェックする）」くらいの感覚があったほうがいいかもしれない。LCCともなれば、各社が1年に数回は〝ビッグセール〟と題した割安セールを行っているので、メルマガやTwitterなどを利用して自動的に自分の下に情報が通達されるような仕組みを作っておくことが望ましい。エアアジアのセール期間であれば、羽田―クアラルンプール（またはバンコク）間の片道が1000円前後（サーチャージ込み）で購入できるはずだ。と言っても、ゴールデンウィークや年末年始などの繁忙期を除けば、レギュラー価格帯も片道15000～20000円（サーチャージ込み）とお手頃価格なので、1ヵ月前に購入してもまったく問題はない。最近では大手航空会社も格安航空券を販売しているため、自分の下に情報が届くようにしておくとベターだ。

購入時期の基準は、現在〝自分が抱えている仕事量や立場と照らし合わせる〟こと。早ければ早いほど航空券が安くなる傾向はあるものの、特に急いで購入する必要がない人は焦らず時期を見定めていけばいい。半年前に購入することは、チケット代が安いといったメリットの他に、それだけスケジュールの調整ができる期間が生まれるという利点にもつながる。時間がたっぷりあれば職場に迷惑をかける負担も少なくなり、スムーズに有給を取得できる根回しの時間も作ることができる。〝思い立ったが吉日〟とはよく言うが、それは体力に自信がある人が言える言葉だ。仕事に疲れた人が直前に迫った休日を目の前にして考えることは「どこにも行く気にならない……ゆっくり家で休もう」くらいだろう。ところが、事前に自分の状況を客観視してスケジュールを調整していれば、直前に迫ってきても体力的に無理のない海外旅行を満喫することができる。なぜなら、海外に行くというのにわざわざ直前まで疲れるようなスケジュールを組んでいるはずがないからである。

購入のタイミングはあくまで出発日から逆算して、自分がスケジュールを組み立てやすいスパンで考えればいい。半年後（3ヵ月後でもいいが）に休日を利用して海外に行くことが分かっていれば、その間に抱えている仕事や携わりそうな案件をどうやって片付ければいいかシミュレーションする時間は十分に生まれる。何よりぶら下がっているニンジンを意識することで、自分なりにスケジュールを考えられる頭になっていく。具体的な節目があるから、スケジュールというのは整理する気になる。クリスマスがあるから、秋口あたりから独り身はソワソワしだし、合コンなどに頻繁に出かけるようになるわけで（合コンが嫌いな人は「クリスマス死ね！」とソワソワしだす）、人間とはそういう生き物なのだ。

また、半年先でも3ヶ月先でも出発日が明確になっているということは、職場の上司や同僚に根回しして、理解を得る時間も十二分に作れることにもつながる。自営業者である僕の場合は、レギュラーの仕事なら旅行期間中に締切が被らないように事前に仕事を仕上げ、突発的な仕事に関しては何か月も前からお世話になっている方々に、その期間は日本にいないことを告げるようにしている。そんなことしていたら仕事がなくなるんじゃないかと思われがちだが、事前にキチンと報告してキチンと仕事をしていれば理解は得られるに決まっているはずだ。突然フラッと海外に出かけてしまう風来坊ならまだしも、根回しをした上での1年に2～3回の海外旅行であればまったく問題ない。〝理解を得る〟ということは、あくまで常識の範囲だからこそ通用するわけであって、その範疇を見誤らないようにスケジュールと人間関係の管理を心がけていくのである。

同様に、旅行前にこれだけ時間的にも仕事の進行的にも管理を心がけておけば、旅行中のスケジュール管理も怠るようなことはしないだろう。短い期間を1つの滞在地でのんびり過ごすのか、それともバスや飛行機を駆使して2つ3つのポイントを巡るのか……道中をどう楽しむかは自由自在だが、自分で旅程を作る以上、管理するという意識は自然とできるようになっていく。例えば、移動距離があるということはそれだけ1日のスケジュールを移動に費やしてしまうことを意味する。それを差し引いても移動したポイントに自分の動機や目的を満たす価値があるとしたら……。どうスケジュールを組むべきか頭を悩ませながらあれこれと四苦八苦することは、決して無駄なことではないし、それは次の項で触れる目的とも関係してくることになる。

また、日本以上にアジア・東南アジアではLCC会社が林立しているため、各社が争うように先のビッグセールを定期的に行っていることを覚えておいてほしい。クアラルンプールからハノイ（ベトナム）まで3000円かからないことも珍しくないので、東京から仁川、クアラルンプール、バンコクといったハブ空港までがレギュラー価格だったとしても、そこから目的地までの運賃がびっくりするくらい安いことも多い。旅行期間にもよるが、2か国を巡るプランも十分現実的となるため、アジアを運行するLCC各社のサイトで日本発着便以外の金額も定期的にチェックするようにしておきたいところだ。

調べることは多少なりとも面倒かもしれない。だが、調べれば調べるほど手元にあるカードは増えていき、その切り方もバラエティ豊かになっていく。それは仕事でも同じなはずだ。道中のスケジュールを自分で管理しておけば、「バスに乗って違う目的地に移動しようと思ったけど、今いる場所が気に入ったからここに滞在し続ける」「面白そうな場所があるからバスに乗って出かけてみよう」などなど、ふと沸いたアイデアやプランに対しても、時間やお金の使い方を考慮してフレキシブルに予定を組み替えることもできるようになっていく。そして、職場に迷惑をかけないよう〝旅行後〟のこともケアしながら道中のスケジュールを考えることも重要だ。帰国翌日早々にバタバタと働き出すことを避けたいのであれば、そうならないように最終日は無理のないスケジュールを作ればいい。

当たり前のことだが自分でスケジュールを管理した旅は、その前後、すなわち仕事の部分も加味して考えなければいけない。ヘンな言い方かもしれないが、旅行ありきで仕事スケジュールを考えたっていい。海外旅行をきっかけに、スケジュールという意識に変化が訪れることは十二分にありうるのだ。気兼ねなく旅行に行くために、その前後をきちんと仕上げる。ウキウキと楽しみにできるものが先にあるのなら、人間はおのずとがんばれるようになる。だからこそ、我流ながらも破綻が生じないように仕事のスケジュールを組み立てる意識が出来上がっていくのだ。

時間が有限だからこそ、目的が明確になる

スケジュール管理が可能となるのは、短い期間の海外旅行の利点でもある。もし何か月も出かける海外旅行であれば、行きたい場所ややりたいこと、ビザの取得方法など最低限メモするくらいで具体性に欠けてくるように思う。

旅先で出会ったとある世界一周旅行者に話を聞いた、印象深いエピソードがある。なんでも、「出発前に世界遺産をはじめ行ってみたい場所を相当列挙したものの、実際に訪れた場所は3分の2に満たないくらいだった」というのだ。実はこの手の話、意外と耳にすることが多い。最初はもちろん行く気満々だったものの、旅が進むにつれて腰が重くなるらしく、例えば観光地Cに行こうと考えていたのに、すでに訪れたAの景色とBの景色を足して2で割ったような感じの場所だろうと勝手に想像してスルーしてしまいがちになるのだとか。これだけインターネットで事前に情報を仕入れることが当たり前の時代になれば、多くの旅行者がアップした写真を目にする機会も増えてくる。写真とはいえ、すでに情報や景色を共有しているため、勝手にイメージができあがり「ま、いっか」となってしまうというのだ。

〝時間に余裕がある人〟は、それでいいかもしれない。だが、時間に限りがあって、それほど豊富な場所を訪れることができない人にとっては、ベタな観光地も立派な選択肢となる。働いている人が海外旅行に行くということは、有限の時間の中を旅するということだ。先にスケジュール管理が大切と触れたのも、有限だからこそスケジュールを自分で計画し、無駄な時間をあまり作るべきではないという気持ちが生じるからである。

海外は「?」だらけの空間であり、面白いものに溢れていて、それでいてトライしてみたいもの、食べたいもの……とにかく挙げればキリがないほど体験したいことがある。ところが、残念ながら働いている人にとっては、そんなに休暇の時間を作ることができない。長くて1週間が関の山だろう。そのなかで自分のやりたいことを選ばなければならない。もっと休みが取れれば……!

いやいや、悲観することなどない。それはそれ、これはこれだ。ポジティブに考えてみよう、というかポジティブに考える必要はなく、働いている人にとっては悪いことではないと僕は思っている。

「いい大人なんだから」「大人として分別をわきまえるように」など、社会人になるとやたらとかしこまって浴びせられる言葉がいくつかあると思う。「大人って何だよ?」というのはなかなか難しい定義だと思うのだが、個人的な意見で言うなら〝諦める力〟があるかどうかではないかと思う。「あれも欲しい」「これも欲しい」と諦めず、駄々をこねて全部を手にしようと思うのは子どもの発想だ。「あれもこれも」と欲張る大人を見ると子どもっぽく見えやしないだろうか？

悲しいかななんでもかんでも詰め込むと絶対にうまくいかない。これは旅行も仕事も同様である。だからこそ、〝限られた時間〟というスケジュールを管理し目的を絞るということが求められる。「せっかく来たんだから数多くの経験をしたい！」という気持ちも分かる。しかし、そういった声は数年ぶりに海外旅行に行く人に数多く見受けられる意見でもある。1年に1回でも海外に行けば、そんなにガツガツした旅程は組まない。「また行けばいい」。そういう余裕が自分の体力や見識と照らし合わせて無理のない旅行を作り上げていく。余裕のない旅は視野が狭くなってしまい、せっかく気が付けたであろう発見すら見過ごすことになりかねない。限られた時間の旅行のなかで何をするか？　そのためにベターな手段は何か？　自分で設計する海外旅行は、自ずと、目的と手段が明確かつ論理的に組み上がっていく。

仕事においても目的を絞る力は大切だ。もっと言えば、目的を純化させることは仕事をシンプルに進めていく推進力になる。「なんで俺がこんな仕事を」と思いながら目的もなく仕事をしている人は、惰性で仕事をする癖がついてしまうし、周りの印象も良くはならない。たしかに自分が関わっている仕事は、ときに状況や環境によって消化試合、敗戦処理投手と呼ぶような内容になることもある。だが、そういうときだからこそどう目的を絞るかが問われる。

大切な案件を抱えているときも同じだ。刻一刻と変化し続ける状況下で、どんな目的を設定できるか。あれもこれもと念頭に入れておくとロクなことにならない。アポを取る、資料（企画書）を作る、打合せの日時を決める、次の休日に何をするかなどなど、目的をたくさん抱えていても順序立ててこなしていかなければチグハグになるだけだ。それは前項で触れたスケジュール管理とも密接につながってくることを意味する。スケジュール管理と目的意識は前輪と後輪みたいなもので、一方を回すと必ずもう一方も回るようにできている。これは旅行も仕事も一緒である。

有名な話なので、聞いたことのある人もいるかもしれない。石切場にきた男が石工に何をしているかと尋ねたところ、一人は「このいまいましい石を切っているところだよ。食っていくためにね」と答え、別の石工は「大聖堂を建てる仕事をしているんだよ」と誇らしげに答えたという。限られた状況下でどのような目的意識を見据えるか？　そして、どう大局的に物事とスケジュールを捉えるか？　目的が見出せれば全体が見えてくる。ベストは無理でも、そのときに限りなくベターなものを探す目的意識を持つことでスケジュールも見えてくる。ビジネスパーソンが海外旅行に行くということは、限られたスケジュールの中で「何をするか」という意識を磨くにはもってこいの舞台でもあるのだ。

時間が限られているからしたいことができない、そんな理由で海外旅行に二の足を踏んでいるのならもったいない。時間が限られているからこそ、働いている我々はいろいろアプローチを考えることができる。時間が無限にあるような旅行者には真似できない。「これをしに行くんだ！」。そういう強い意志と集中力のある旅行は必ず自分の肥やしになり、多くの発見をもたらしてくれるだろう。限られた中で数あるものの中から自分の目的を選び出す力、すなわち何を諦めるか……そういった判断能力が磨かれるからこそ、スケジューリング能力も相乗して磨かれていくのである。

目的が明確だと判断能力、情報収集能力が向上する

目的が明確になると、やりたくても断念せざるを得ないことがどうしても出てくる。先

に触れた〝諦める力〟が必要になる。

働いていると、日々考える力や姿勢が求められる機会が多いだろう。「Aの案件とBの案件、どちらから先に片付けようか」「明日は休みだから家に持ち帰って仕事しようかな、いや！　やっぱり明日はのんびりしたい」などなど、人は働く以上考え続け、取捨選択の連続の中で生き続けることになる。旅行に行くと、それこそさまざまな判断に迫られる。食べ物を食べる、乗り物に乗る、遊びに出かける、外国人と話す……何をするにも日本とは勝手が違うため、いつもよりアンテナが高くなっている自分がいることに気が付く。そのなかで行う判断というのは、些細なことでも妙に自分が研ぎ澄まされているのが分かるはずだ。「そんな面倒な判断は遠慮したい！」、そう考える人がいるのは当然だろう。僕も同じだ。だからこそ〝情報収集能力〟がセットで必要になってくる。情報を収集したからこそ、確実に判断の是非が分かるようになる。仕事に置き換えて考えてみよう。自分の経験から判断したことと、それに加えて事前にマーケティングや動向を調べたうえでの判断、どちらがより相手を納得させられるだろうか？

ソフトバンクグループの創業者・孫正義氏はこんな言葉を残している。

「たとえばこれから宝島に行きます。その島で宝を掘り当てて一発当てたいと思っている時に何が一番欲しいか。僕なら地図とコンパスだけでいい。宝が隠されているところを記した地図とコンパスさえあれば三日とかからず宝を見つけて飢え死にする前に掘り当ててさっさと逃げます。情報の価値は万金に値する」

初めて訪れる場所には地図とコンパスは見繕っていかなければいけないのである。

そして、調べる力は充実した（それこそ宝を持ち帰るために）海外旅行をおくる上でも欠かせない。今の時代はインターネットで調べれば、価格の相場や治安情報、注意を払うポイントなどが、ガイドブック以上に手に入る。事前に日本で調べていくだけでも大きなアドバンテージになる時代といっていい。「この国の〇〇色のタクシーは面倒だから乗らないほうがいい」という情報が分かっていれば、該当するタクシーを使わなければよいし、「〇〇を装って話しかけてくる人は無視してOK」とあれば無視すればいいだけの話だ。慣れていけば現地で情報をゲットできるようにもなってくるだろう。より密度の高い取捨選択をするためには、やはり現地（旅先）で〝生きた情報〟があるにこしたことはない。

例えば交渉しているときに、事前に聞いている金額と1000円ほどの開きがあった場合。「1000円ぐらいいいや」と割り切って先に進むのも1つの選択であるし、「いやいやおかしいよ。1000円も高いじゃないか?」と事前に持っていた情報をチラつかせるもよし。相手が「変わったんだよ」と言ってくるなら(だいたいそう言うに決まっている)、「他をあたるよ。ありがとう、じゃあね」と立ち去ればいい。他の人に相談した結果、「1000円高くなっているのが今の相場」だと分かるかもしれない。それはあなたが生きた情報を手に入れた瞬間でもある。

海外旅行をするうえでは誰もが通る道だが、慣れてくれば判断能力と情報収集能力が磨かれ、日常的にそういった確認が当たり前になってくる。仕事場で必要と言われる「確認・連絡・報告(カクレンボウ)」「報告・連絡・相談(ホウレンソウ)」などの約束事は、旅先でも当然必要になるわけで、逆に言えば、海外旅行をすればその大切さが嫌でも身に染みてくる。職場には程よい緊張感が必要だ。そもそもその感覚がないという人もいるだろうが、仕事人である以上、緊張感はあったほうがいい。そういう擬似的な緊張感に身を置くという意味でも、勝手の違う海外で旅をするというのはシンクロするところが大きい。

いくらタイやマレーシアが安全な国だと言われていても、日本以上に安全な国はない。裏を返せば、僕たち日本人以上に海外に行ったときにアンテナを高くしている人たちもいない、と考えることもできる。アンテナとは言葉を変えれば集中力である。先述した食べ物を食べる、乗り物に乗る、遊びに出かける、こんな普通のことに対しても僕たち日本人は、強い警戒心を持ち、海外を満喫している。これってすごいことではないだろうか？「疲れてしまって満喫できないのでは？」という声も聞こえてきそうだが、発見だらけの異国でアンテナを高くする一方、純粋に異国を楽しむ喜びや余裕も皆さん持っているはずだ。そんなことを高次元で実現させているのは、世界一安全な国に住む日本人だからこそ可能なバランスだと思うのだ（ときたまカモられるけどね）。とりわけ、オンとオフの振り幅が大きい働いている人こそ、比例して得るものが大きいと思うわけである。どんな判断をして今楽しんでいるか、どういう判断を誤ったから凹んでいるのか。海外旅行とは言え、同じ日常の延長線上にあるわけで、そこで得た判断に到るまでの過程とその結果は、帰国後の日常でも活かせるはずだ。

もう1つ。取捨選択の判断のなかには、シンプルに〝諦める〟判断もあるということを忘れないように。「俺なら大丈夫」といったわけのわからない根拠なき自信は百害あって一利なし。根拠がないということは、先の判断能力と情報収集能力がなかったがゆえに「根拠がない」状態になっているわけである。そういう状況のときは、冷静に〝諦める判断〟

を下した方が明らかに賢い。

海外旅行はビジネスの場ではなく、人によってはあくまでバカンスの場だ。「や〜めた」が成立する場であり、引き際は仕事と違ってノープレッシャーだ。諦める際の判断力という点でも、海外旅行は押すべきポイントと引くべきポイントの潮目を読み取る能力が向上していくに違いない。「あ、なんかこれヤバそう」「このルートは事前に把握していない」、そういうときは退却して、戻ってきた後に調べてみればいい。あなたが特殊な業種に身を置く人でない限り、仕事も海外旅行も〝テキトー〟が一番恐ろしい。旅行であれビジネスシーンであれ、確証もないのに歩を進めるのは一か八かの世界に足を踏み入れているだけだ。根拠があるかどうか……個人旅行はその連続だからこそ判断能力が研ぎ澄まされていくのだ。

ケチケチせず、ある程度は「金にモノを言わせる」こと

働いている人が海外旅行にいく上でとても大きなメリットがある。ズバリ、お金があるということだ。給料の個人差こそあれ、月給、ボーナスをもらっている以上、よほどのことがない限りケチケチした旅をすることはない。つまり皆さんは、節約命のバックパック旅行をする必要はどこにもないというわけだ。

海外の（個人）自由旅行と聞くとどうしても大きなバックパックを背負ってゲストハウスに泊まる……そんなイメージがあるかもしれないが、最近はコロコロのついたバックパックで旅をする人も増えているし、短期旅行ならタウンユース向けのリュックサックでもいいくらいだ。宿泊場所に関しても、いろいろな外国人が集まるゲストハウスや日本人が集うゲストハウス（情報収集がしやすい）に泊まろうが、中級ホテルに泊まろうが、自分の判断で選べる財力を持っているはずだろう。

1泊3000〜5000円くらいで宿泊できる中級ホテルに泊まれば、ミネラルウォーター支給、クーラーガンガン、シャワーの水の出にイライラするなんてことはない。安く済ませたいのなら別だが、短期間&働いているからこそプチ贅沢も可能となる。発展途上国の場合、ある程度のお金を出さないとサービスやファシリティは期待できないため、ケチると無駄なストレスを抱えることになる。お金をある程度使えるということは、そういったストレスから解放されることにもつながるわけだ。

お金の使い方というのは取捨選択能力ともリンクしてくる。働いている僕らの旅行は時間に限りがある。だからこそ、時間をお金で買うという選択肢も出てくる。市内をぐるっと観光しようとすると徒歩では時間がかかるし、バスを利用するには不便が多い。そんなときはタクシーや三輪タクシーを利用してサクッと周ってしまえばいいのである。長期旅行者はいかにお金を使わずに滞在するかを第一に考えるだろうが、働きつつそこそこお金を持っている旅行者であれば、「お金をどう使うか?」ということを第一に考えてもいいくらいだ。使えるときに使う。貧乏くさいお金の使い方ばかりしていると、いつでもどこでもその癖が抜けきれず、使うべきときに使えない体質になってしまう。〝貧すれば鈍する〟とはよくいったもので、何をするにも判断が遅くなる。

「こんなものにそんな値段を払えるか!」と根拠に基づいて拒絶するならまだしも、時間を買う、自身への投資といった自分にとってプラスになる理由があるなら使える範疇でお金は使ったほうがいい。特に昨今の若い人は無料で楽しめるゲームやアプリに慣れ親しみすぎて、お金を使うことに少なからず抵抗を感じる人が多い。対価を支払ったときでしか本心を見せない人も世の中にはたくさんいるということを頭の片隅で覚えておいてほしい。飲食店にしろ、ショップにしろ、現地スタッフの態度がお金を使う人に対してあからさまに良くなることは珍しいことではないからだ。

パレスチナに行ったときに、とある日本人旅行者が「パレスチナ人は無愛想で良い印象がなかったなぁ」と漏らしていたが、僕は「当たり前だよ」と思ってしまった。ほとんどお金を使わなかった彼に対して、一体どこの誰が優しく微笑みかけてくるというのだろうか？　全ての国が無条件で親日国ではないし、自分の周りに常に自分を受け入れてくれる環境があるわけがない。頭にお花畑が咲いているパターンである。

僕はパレスチナ（ベツレヘム）では、郊外に行ってみたかったのでタクシーをチャーターし2時間ほどドライブしたが、やたらと愛想のよいドライバーだった。もちろん、愛想を良くすることで「他にいい場所があるから行かないか？」と商談目的で話している部分もあるものの、おかげでいろいろとパレスチナのことについて会話をすることができて、とても中身の濃いドライブをすることができた。

そのとき運転手が、「日本人と韓国人と中国人は、パレスチナの匂いを嗅いで、そして写真に収めて帰る人ばっかりだ。自分たちは満足かもしれないけど、ここに住む我々にとっては観光客とは呼べない」と話してくれて、「なるほど」と膝を打った記憶がある。そうとも知らず、「パレスチナ人は無愛想」なんて上から目線の判断をしてしまうから、お金を使わないって怖いことだと思うわけなのだ。もちろん上限なくお金を使うと、「こいつはユルいのでカモってしまおう」と舌なめずりされかねないので、足元を見られない程度に、で

はあるが。国際人としても名高い白洲次郎は、

「金払いはよくしろ、明るくふるまえ、特定の女とばかりしゃべるな。そして、言い寄られたらノーと言え」

という言葉を残しているが、見事なほど海外での上手な付き合い方を表現している至言だと言わざるを得ない。

お金を持っているということは道中だけでなく、旅行前にも精神的なストレスを回避できることにもつながる。先に紹介したLCCなどで格安航空券を何か月も前に購入し、万全を期して出発日までスケジュール管理していたとしても、予期せぬ突発的な仕事が入ってしまい旅行を断念せざるを得ない状況になることもあると思う。そのときはこう思ってほしい。「たかだか往復20000〜30000円じゃないか。自分は今その金額以上の稼ぎを生み出している。だから日本で仕事している」と。格安でゲットした航空券など日本にいたら2週間もあれば消費してしまうたかが知れた金額だ。旅行先が欧米といったような10万円以上する往復チケットなら胃が痛くなるかもしれないが、短期で格安ならば必ず割り切れる額なはず。そのときにあなたは〝稼ぎ〟なり〝(誰かに)貸し(を作る)〟といった違う付加価値を生み出している。決して落ち込むような状況にはなっていない。これも

また働いていてお金を稼いでいるからこその利点だろう。

取捨選択に迫られるからこそ交渉術やコミュニケーション能力が高まる

ビジネスパーソンにとって、交渉力とコミュニケーション能力は欠かせない能力だ。特にコミュニケーション能力は、あらゆる企業が必要不可欠と豪語する必須スキルだろう。社会人として必要なコミュニケーション能力というのは、仲間内や同世代とだけ盛り上がれる内向的なコミュ力とはワケが違う。立場や役職をわきまえつつ、状況に応じてどんな人とも会話が成立する能力、物事を理解し説明できる力のことを指す。

海外旅行に行くと、このコミュ力が非常に養われる。国籍はもちろん、人種も文化も異なる人とコミュニケーションを取らないといけない状況に追い込まれるからだ。つたない英語やボディランゲージ、付け焼き刃の現地語を交えて悪戦苦闘する経験を積めば、帰国したとき、「日本語が通じるなら楽勝!」と寛容に考えることができるようになる。

アンコールワットなど有名な観光地がある場所に行くと、宿（ゲストハウス含む）のオプションとして専属（三輪タクシーなど）運転手が一日中観光をエスコートしてくれることがある。あらかじめプランによって10ドル、20ドルと決められており、良心的な価格設定で観光地を堪能することが可能で、しかも彼らはホテルやゲストハウスに雇われているため真摯に対応する愛想の良いドライバーに恵まれることが多い。こういう良い仕事をしてくれるプロには、僕らも誠意を持って応えたほうがいい。昼ご飯をおごってあげたり、我々が散策している間に彼らが待ち時間をつぶせるように少しばかりのチップを渡したり、彼の仕事に対して僕らも何かしらの誠意を見せるのが大人としての礼儀である。当たり前の配慮ができると彼らの心もオープンになり、無償で穴場スポットに連れて行ってくれるなど、うれしいおまけに恵まれる機会も増えていく。コミュニケーションとは、言葉を介さずともできるのである。

やたらと馴れ馴れしく話すことは、決してコミュ力があるわけではない。あなたが見知らぬ外国人からむやみやたらと馴れ馴れしく話されたらどう思うだろうか？「なんだこいつ」とちょっと距離を置きたくなるのではないか。同様に旅先での現地人とのコミュニケーションも適度な距離感を持ちつつ、配慮や優しさを持って接することで思わぬ発見に恵まれるようになる。お互いあまり言葉が通じない者同士、こちらもそれだけ一生懸命気持ちを伝えようと努力する。

海外では現地公用語が達者でない限りは、限られたボキャブラリーのなかで言葉のキャッチボールをしなくてはいけない。皆さんも経験があると思うが、そういうときはシンプルで分かりやすい言葉ほど、自分・相手に届いて嬉しかったりしないだろうか？　だらだらと話せばいいというものではない。僕はそういう感覚こそが人間関係を作っていく上で大切だと思っている。故・スティーブ・ジョブズのプレゼンの言葉が刺さるのはシンプルだから、とはよく言ったものだが、実際、英語があいさつ程度しか通じないアジアの辺境の地で交わす「グッバイ」ほど寂寥感に包まれる言葉はないかもしれない。

また、海外旅行ではコミュニケーション能力同様に交渉能力も培われていく。こちらは多少の英語スキルがあることが望ましいが、交渉とは根拠を見つける作業だとまずは考えてほしい。対峙している人間が本当に信用できるかを見定めることでもあるため、話せればいいというものでもない。相手の顔色、話口調、自分の状況を客観的に見て、着地点を見出す。海外に行けば、我々は外様かつ先進国でお金を持っている日本人という設定がデフォルトである。その上で〝郷に入らば郷に従え〟という姿勢で、相手に分があることを念頭に置かなければならない。そういう状況下で交渉をするということは、ある意味では妥協点を見出す力＝妥協力を磨くことと考えてもいいかもしれない。

職場では上司や同僚、違う部署の人間、あらゆる折衝があるなかでうまく対処する交渉や根回しが求められてくる。海外旅行ではそれこそ言語が違い、やる気があるのかないのか分からない現地人を相手に妥協ポイントを見つける機会が数多くある。ものを買うとき、どこかへ移動するとき、誰かに質問するとき、とにかく交渉、交渉、また交渉、相手と自分との妥協点を探る機会が連続的に発生する。

交渉というのは相手のペースに乗せられるとゲームオーバーだ。良いように丸め込まれ、気が付くと相手の手のひらで踊らされている。ブラックジャックで例えるなら、交渉というのはお互いが持っているカードを使いながら、相手の言葉を引き出し、その加減の先に21へたどり着く丁丁発止が繰り返されるゲームみたいなものだ。

自分　「僕は〇〇だけに行きたい」
（**本心↓**効率よく回りたいけど適正価格以上は支払いたくない）
相手　「いやいや、どうせなら△△も周った方がお得だ」
（**本心↓**少しでもこの日本人からお金を稼ぎたい）

とか、

相手「一緒に飲みに行かないか？」

（**本心↓**とりあえず面白そうな日本人だから一緒に飲みたい）

自分「OK。ただし、場所は俺が決めるよ」

（**本心↓**飲みに行きたいけどぼったくり飲食店など変なお店に誘導されるリスクは減らしたい）

というように、着地点を踏まえた上で言葉のカードを切り合い、お互いの理想のリクエスト＝21まで近づけていくわけだ。「ここらが相手も不快にならない妥協点かな」と思えばストップする。この手の交渉ができないと、相手に足元を見られたりナメられりする、意見が言えない、といったご臨終モードに突入し、相手が真っ先に21へと積み上げてしまう。これでは交渉力はまったく伸びないし、馬鹿を見るだけだ。はなから自分のシャッターをおろして閉店モードにする旅行者もいると思うが、現地人との交流をことごとく遮断するという姿勢は、旅行の魅力を半減させていると言っていい。先述したように我々は外様だからこそ地の利は相手にあると敬意を払いつつ、なるべくこちらの要望を通すように、ときに強気に（といっても調子に乗り過ぎないように）交渉することも忘れてはいけない。

例えば、僕は運転手やガイドと交渉が難航しているときに、相手に気持ちよく仕事をしてもらいたいし納得してもらいたいため、日本から持参した100円ショップにある外国人に人気の高いアイテムや珍しいものを取り出し、「好きなものを1つあげるからどうだ?」と再交渉することにしている。もちろん、荷物にならないアイテム限定だが、腕時計、冷えピタ、扇子などを使って、こちらのペースに懐柔できることが多い。交渉で利用しなかった場合は、宿のスタッフやガイドなどお世話になったと思ったときに、無償でプレゼントすればいい。なんにしても、僕は交渉兼贈呈用として、100円ショップで買った品々を別途にしてバックパックの中に入れて旅行するようにしている。

自分が事前に準備していったカードによって、どのような効果があったかは自分の引き出しの中に貴重な(成功)体験として残り続ける。あなたがもし誰かと交渉したり、クライアントに挨拶に行く機会があるなら、相手の好きな食べ物をリサーチして「つまらないものですが」とあいさつ時に渡すだけで、相手が自分に抱く印象はまったく変わる。日本にいる以上、相手は日本語、しかも相手の好き嫌いの情報だって手に入る可能性がはるかにアドバンテージがある。

まったくそれがない状況下で偶発的に出会った人間とどうコミュニケーションをとって交渉するか? 海外旅行をしていけば、妥協点の見定め、自分のペースの持っていき方、相手に気持ちよく仕事してもらうテクニック……そういうことが分かってくることが多い。あとはそれをアレンジして日本で実践してみればいいのだ。

会社（社会）が求めている人材って結局何なのか？

先に触れた新社会人に求められる力TOP5に加え、社会人に求められる力として、「問題解決力」「継続的な学習力」「主体性」「計画性」「チームワーク力」「聞く力」「ストレスコントロール力」「勤勉さ」などなど、必要とされる力は山のようにある。

「全部!?」とツッコみたくなるし、企業は社員に限りなく完璧超人としてのスキルを求めてくる。これまた無理ゲーである。しかも、これらを伸ばそうと思っても、自分の人脈や仲間内にこれらのスキルを伸ばしてくれる人材がいるかと言えばそうとは限らない。

そういうわけでセミナーに行ったり、仲間を募って勉強会をして自分の能力を引き上げようと模索していると思うのだが、そんな時間とお金があるならとりあえずサクッと海外に行ってみてほしいというのが僕の考えだ。

海外旅行に行くことを心がけると、

・たくさんの発見に出会うことで自分のキャパシティが広がる
・スケジュール管理を心がけるようになる
・時間が限られているからこそ目的意識が明確になる
・目的を達成するための取捨選択の判断能力、情報収集能力が向上する
・判断能力を見誤らないための交渉術やコミュニケーション能力が高まる

繰り返すが、これらの要素が無意識の内に高まる。僕は2〜3回の海外個人旅行を経て、鮮烈にこれらの要素を痛感し、自分の仕事にフィードバックするようになった。クライアントの要望をどううまく着地させるか？　取材相手や取材先に気持ちよく対応してもらうにはどうしたらいいだろうか？　自分が取材したことをどう不特定多数の人に伝えるか？　さまざまなことを意識するようになったからか、発注される仕事量はおかげさまで2倍になった（自営業者としてはこれほどありがたいことはない）。

海外旅行をしている間というのは、とにかくアンテナが高くなる。漫画『ドラゴンボール』で「精神と時の部屋」というのが登場したが、あれに近い。悟空・悟飯親子が、常時、

同部屋内でスーパーサイヤ人状態で過ごすことで、退室後も自然と穏やかなスーパーサイヤ人状態をキープしていたあの件……あれこそまさに海外旅行時～帰国後の自分とシンクロする。

誰もが旅行から帰ってくると「都会の雑踏に対して少し優しくなっている自分」がいたりすると思うのだが、海外旅行はこの感覚の上位互換といっていい。アンテナが高くなったままでしばらく日常生活を送るからこそ、その意識を瞬間的なものではなく、すぐに職場で活かしてほしいと思うわけだ。本来なら1～2週間で消え去るアンテナの感覚。ところが消えないうちに継続的に日常生活に落とし込むことができれば2～3か月は持つようになる。そして、その感覚を忘れないために、次の旅を考えてみる。それを何回か繰り返していると、自分版「精神と時の部屋」ができあがっていく。

働いている人こそもっともっと海外旅行に行ってほしいと願わずにはいられない。ビジネスパーソンだからこそ海外旅行は宝の山なのだ。海外で得た体験を得意満面に話すのは、もはや世界一周旅行者だけの特権ではない。そもそも海外の思い出を得意げに話している人は、結局得たものが思い出のみというドーナツのように真ん中が空っぽの人だと思えてならない。働いている人ならもっと身近に、思い出だけを切り取らず、実のある体験を話すことができる環境があるはずだ。そして、〝あるにこしたことがない力〟＝常識人としてあったほうがいい能力は、ビジネス本やマニュアル本を読んでいても身に付かない。自分のテリトリー外にいる人に会う、初めての場所に行く……そういうことを繰り返さないと磨かれていかないのである。

第二章

海外旅行はめんどくさくて金がかかる……と思い込んでいるあなたへ

旅行を現実ラインにまで下げる

「そもそも海外旅行じゃないとダメなのか?」「海外旅行は憧れるけどやっぱり不安……」といった気持ちを抱く人もいると思う。その気持ちは痛いほど分かる。なぜならかつての僕がそうだったからだ。それに海外旅行に出かけるにせよ、25歳を超えて年齢的に「遅いのではないか?」と危惧している人もいるかもしれない。だが、あの村上春樹も初めての海外旅行は30代半ばの頃だったことを知っているだろうか。

彼が初めて海外旅行をしたのは1984年の夏と言われ、1ヶ月半をかけてアメリカの主要都市を回ったという。海外旅行へ向かう時点で、すでに村上春樹は小説家としてデビューを果たし、『羊をめぐる冒険』や『中国行きのスロウ・ボート』などを記している。アメリカ旅行前の彼の作品の中に描かれているアメリカは想像上のアメリカであったし、登場する海外もすべて彼の頭の中の世界であったことになる。膨張した想像を確かめるために30代半ばにして飛び立ったのかもしれない。何にせよ、思いを馳せているのなら海外旅行に遅いも早いも関係ないということをまずは知っておいてほしい。

「海外は面白そうだし、自分のスキルを伸ばせるのであれば行ってみたい」……言葉にするのは簡単だが、いざ行こうとなるとハードルが高く見えてしまう人たちもいるに違いない。安全面、環境面、語学面、金銭面、あらゆることが日本とは異なるだけに誰しも慎重になるはずだ。とは言え、風車の理論よろしく、これら海外旅行で求められることを受けきることで、アナタの日本でのパフォーマンスが向上していく、つまり〝実利〟となる。そのためにも、二の足を踏む人が抱える懸念事項に関して、処方箋を提示しておかなければならない。

ＪＴＢ総合研究所の『若者の生活と旅行意識調査』(2012年)のアンケート結果では、海外旅行へは行きたいが、「休みの取りにくさ」や「不安」が障壁となっていることがデータでも示されている。19〜25歳では「語学ができないので不安」と答えた人が24・6％、26〜33歳では「仕事が忙しくて休みが取れない」と答えた人が30・6％に上っているほどだ。

語学に関しては、海外旅行の初心者編として今回はアジアを前提としているため、さほど難しく考える必要はない。せっかく英語を勉強していたとしても、東アジア・東南アジアで英語が活躍する国はシンガポール、マレーシア、フィリピンくらいである。衣食住にまつわる簡単な英語だけ勉強しておけばほとんど困ることはない。現地に行けば他の外国人との交流が盛んにあるため、そういう場などを通じて「次回までに伸ばしておきたい英語スキル」を自身でつかめばいいのだ。なんでもかんでも事前に詰め込んでがんばろうとするから気が重くなる。サクッと行って帰ってきて、またサクッと行けば、1回の旅行に準備する語学スキルなんてたかが知れている。アジアの国々の多くの人も英語を上手に話せないわけだから、低調な英語スキルはお互いさま。おまけに、そういうときのほうが人が何を考えているか伝わってくるくらいだ。

仕事が忙しくて休みが取れない。これは確かに死活問題だろう。日本の有給消化率の低さは際立っているため、いかに有給を使うかが問われてくる（この件に関しては後述する）。だが、僕が気になるのは「仕事が忙しくて休みが取れない」と言っている人は一体どれくらいの休みを取れば満足するのだろうということだ。夏休みやゴールデンウィークでもない限り、1週間以上の休みを作ることは極めて難しいと言わざるを得ない。

有給1～2日程度の行使を目的とするなら、事前にスケジュールと仕事の調整をしておけば、無理難題というほど絶望的な数字ではないはずだ。そこに連休を組み合わせれば海外に行く時間は十分確保できる。おまけに、格安航空券を利用すれば低価格での渡航が可能となるわけで、「この予算だったら4泊5日でも納得」という妥協点を見出しやすいと思う。気軽に行くということは、海外旅行という響きに対して無駄なこだわりを捨てることでもある。

ちなみに、今後1〜2年に海外旅行への意向があるかという質問に対しては、約6割が「意向あり」と答えている。やはり心のどこかで海外旅行に対する気持ちがある人は多いのだ。ところが日が進むにつれ、その気持ちがしぼんでいくという現実問題がある。多くの20代30代が、現実と（海外に行きたいという）理想のはざまで揺れているのだろうが、海外旅行を現実のラインにまで落とせばいいだけの話。何度も言うが旅のスタイルは多様化しているのだ。

体力面で言えば、訪問地を増やせば増やすほど慌ただしい行程になるため、正直疲れることもある。ただし、その疲れはおそらく4泊5日の国内旅行をするのと変わらない。ほとんどの人が2泊以上の国内旅行を経験したことがあると思うが、帰路の途中でぐったりすることが多くないだろうか？　極端な話、海外だろうが国内だろうが帰ってくるときは、「嗚呼、この楽しかった時間も終わるのか」という虚脱感も相まって疲れてしまう。そして、「明日から働くの面倒臭い」と気が重くなる。ところが、海外で得た経験を日常に落とし込むという意識が働けば、スイッチもオフになりづらい。

もう1つ面白いデータがある。この世代の4人に1人がTwitterやFacebookなどSNSの情報をきっかけに出かけたことがあると答えていることだ。今の時代は『深夜特急』

（沢木耕太郎著）の時代と大きく様変わりし、ネット上に海外の情報が散りばめられている。世界一周旅行者などは珍しくないし、世界一周旅行者や現地在住者のブログから自分の旅先の情報をゲットすることも簡単だ。事前にSNSサイトを使って友人を作ることもできれば、世界中の旅行先にて無料で泊めてくれる人を探すウェブサイト『カウチサーフィン』、最近では、『Airbnb』なる自宅を宿泊施設として開放するサービスまであるほどだ。別にそれらを駆使しろと言っているわけではない。海外旅行をするには〝圧倒的に便利な時代〟に生きているということが言いたいわけである。昔のように情報も手に入らないなかで未開の地へ行くということはなく、事前にキチンと調べさえすれば恐れるものは少なくなっているという時代なのだ。海外で道に迷っても、スマートフォンを持っていれば解決できてしまう可能性は高い。アドリブ能力が求められる海外旅行において、今の時代は限りなく予習ができる時代であり、事前に勉強をしておけばそれだけテストの点も良くなる。それができるかどうかが重要であり、それができればビジネスシーンにも必ず転化される。

メディアを駆使した旅行に関しては、若ければ若い人ほど慣れ親しんでいるはずだろう。若い20代30代だからこそ可能なアプローチがたくさんあり、〝海外に行く〟ということは時代が下るにつれ、どんどん身近で簡単になってきているわけだ。「せっかく高いお金を払って行くんだから1週間以上はほしい」「一緒に行く友達がいれば行けるんだけどなぁ」「言語力に不安があるし現地の情報が少ない」……こういったこだわりはすでに解決済みの時代になりつつある。勝手にイメージが膨れ上がることで勝手にハードルを高くしている人は、どんなシーンでも無駄に緊張してしまう人ではないだろうか？　一度、直接自分の目で見て、肌で感じれば、「杞憂だった」と気が付くことも多い。それが分かれば、ハードルを無駄にあげてしまう自分ともおさらばできるのではないかと思う。

旅に長い・短いは関係ない

海外旅行に行きたいものの頓挫してしまう理由の1つに、〝旅行期間の問題〟を挙げる人は多い。だが、最初に断っておきたいのは旅行で得る充実感と旅行期間の長さはまったく比例しないということだ。国内旅行も同じだと思うが、長く旅をしたからといってそれに見合う体験や感動を得られるわけではない。むしろ長すぎると集中力が切れたり、無駄に疲れたり、一緒に行った人と気まずくなったり、決して良いことばかりではないことも起こりうる。

たしかに、海外にいく上で旅行期間は大きなファクターであることは間違いない。実際に世の人々はどれくらいの海外旅行期間を求めているのか？　理想の海外旅行期間に関するディムスドライブの調査では、「1週間程度」が31・3％で最も多く、次いで「5日間程度」20・5％、「3日間程度」19・6％、「2週間程度」16・4％というデータが示されている。約半数の人が1週間程度または5日間程度の旅行期間で十分だと考えているのは、「働くことが当然」という〝日本人像〟を良くも悪くも表しているのかもしれないが、旅行期間に必要以上の長さを求めていない人が意外に多いということも分かると思う。

では、「現実的に可能な旅行期間は？」という問いに対してはというと、「3日程度」が最も多く51・5％、次いで「1週間程度」16・2％、「5日間程度」15・0％となっている。理想と現実はかくも離れている、と思う人もいるかもしれないが、言うほど離れているように思えるだろうか。理想の旅行期間を5日程度～1週間としている人がこれだけ多いにも関わらず、現実は3日間……何かおかしくないですか？　たった2日ほどの違いしかない。1年365日もあるなかで、この2日の差は何なのだろうと首を傾げずにはいられない。もっと言ってしまえば、理想を現実にするためにたった2日の休みも創出できないのか？　と思ってしまう。

もちろん、極めて多忙の中に生きている社会人もいるだろう。しかし全員が全員、馬車馬のように働いている時期に身を置いているわけがない。休めるようにスケジュールと仕事の管理を行えば、5日程度なら問題なく休みが取れる人も多いのではないか？　3日程度と答えた人の多くが、「3連休を使うのが現実的」と考えている人たちなのではないか？仕事をしていくなかで、カレンダー通り、暦通りに動くことに慣れてしまっている気がしてならないわけで、それはそれはとてももったいないないと思うのだ。

今は3〜5日もあれば十分海外に行くことができる時代だ。海外に行けば、なおのこと濃い体験が待っている。先述したように限られた期間だからこそ目的が明確になり、自分が本当にやってみたいことや行ってみたい場所、そういったことに自分の意志が宿るようになる。そういう透徹された気持ちがある限り、海外旅行の長い、短いは大した問題ではない。明確な理由もなくただぶらぶらと何ヶ月も海外に行く人や世界一周をしている人を見ると、「なんだかんだで暇を持て余しているんだろうな」と思ってしまうことも多々ある。対して、短くても自分の意志が貫徹している旅行者を見ると、この人には「やりきる力」が備わっているのではないかと思えてしまう。容器がどれだけ大きくても密度がスカスカでは分不相応、手持ち無沙汰になるだけだ。大切なのは、自分にとって中身が濃かったかどうかということだ。

その意味で、社会を経験して海外に出かけるのと、社会を知らずに海外に出かけるのとでは、大きな差がある。相手の立場を鑑みる機会の多い社会人だからこそ、旅先で出会う現地人との交流や対応にもより敏感になるし、その体験が肥やしになる。1章で綴ったように、経験は落とし込む環境があってこそ、はじめて経験と呼べる代物になる。サッカーの試合で負けて、その悔しさを晴らす次の舞台がなければ「負けた」ことは点でしかない。次の試合があるからこそ経験として「負けた」ことが活きてくるわけである。もし学生時分で放浪旅行に出かけようと思っている人がいるなら、そういう部分を意識して海外旅行をしてほしいと願う。

短い、長いということを心配することはどこにもない。世界の果てであろうが、隣町であろうが、中身がなければ一緒だろう。学生時分ではなかなかそれが分からないかもしれない。だからこそ、社会人になってから一度海外旅行に出かけることで、その感覚を掴みとってほしい。休みを創出するということは、その時点から旅行の密度が濃くなる過程を踏んでいるということに気が付いてほしい。貴重な休みを使って、自分のやりたいことをするために海外へ行く。リフレッシュであったとしても、目的意識が宿っている以上密度は濃くなるに決まっている。多くの人が現実的に「5日間ほどで十分」と考えている。旅行期間に対してそれだけ割り切れるのであれば、あとは目的を鮮明にすればいい。その目的の中には、1章で触れたようにビジネスシーンで活かせるという実利が眠っていることを覚えておいてほしい。

短期間で目指すべきはアジア!

短い旅行期間でも密度の濃い旅ができる場所。それでいてコストもあまりかからない。言ってしまえば〝燃費の良い〟旅先はどこか? ズバリ、アジアだ。もう断トツでアジアと言ってもいい。ではなぜアジアがいいのか?

まずアクセス面。格安航空券で海外に行くと考えた場合、コスト的にアジアが最も安い。アジアの大手航空会社の格安航空券(大手の場合サーチャージは別なので注意)を購入するのもいいが、よりコストを抑えるとなれば、いまや日本の主要都市からアジア各国に就航するほど猛威を振るっているLCCを上手に使わない手はない。ピーチ・アビエーション、バニラ・エア、ジェットスター・ジャパン、春秋航空日本、エアアジア・ジャパン、セブパシフィック、チェジュ航空、イースタージェット、ティーウェイ航空、エアプサン、香港エクスプレス、スクート航空(2015年7月就航予定)……などなど現在、日本から発着している格安航空会社はゆうに10社を超え、LCCを使って渡航可能な国は台湾、韓国、中国、オーストラリア、マレーシア、タイ、シンガポール、インドネシア、フィリピン、ブルネイ、カンボジア、ベトナム、ミャンマー、インド、スリランカ、ネパール、バングラデシュ、モルジブなどなど、アジアだけでも多岐にわたっている。大阪〜台湾が片道約8000円で往来できることを考えると、改めてすごい時代になったものだと痛感する。

羽田、成田、大阪からの発着が多いとは言え、中部（名古屋）、福岡、札幌など、各地からアジア各国に行くことができるようになりつつあるのは驚愕すべき時代の流れである。アジアにはマレーシア・クアラルンプール国際空港2（通称・KＡＩＡ2）と韓国・仁川国際空港というアジアを代表するハブ空港があるため、この2つの空港を駆使すればさらに選択肢は増えることになる。本書では燃費の良い旅を推奨しているため、あくまでアジアにターゲットを絞っているものの、ハブ空港を利用すれば中東やヨーロッパ方面にも比較的安価で旅立つことが可能となる。忙しいなかにも気軽に海外に行ける土台は盤石になりつつあると言っていい。

1つ注釈として覚えておいてほしいことがある。LCCの機内持ち込み手荷物は、大手航空会社に比べ重量制限が厳しいということだ。例えばエアアジアであれば、一人あたり機内持ち込み手荷物は、各辺の長さが56㎝×36㎝×23㎝以内で、7㎏以下のもの（それとは別にノートパソコン用バッグやハンドバッグひとつを機内に持ち込むことができる）と定められている。それ以上の場合は課金されるので、短期海外を志向するならなるべく7㎏以下の重量で出発するように。

また、エアアジアは基本出発時刻より45分前、クアラルンプール国際空港第2ターミナル発であれば、出発時刻より1時間前にチェックインを済まさなければならない。LCCはスムーズな管理を心がけることで人件費を削減し低価格を実現している。利用する際は細かいルールの確認を、必ずHPで行うように。

① 羽田－バンコク
約20,000円～30,000円（エアアジア）
約30,000円（大手航空会社）

② 羽田－クアラルンプール
約15,000円～20,000円（エアアジア）
約40,000円（大手航空会社）

③ 羽田－シンガポール
約22,000円～26,000円（エアアジアKL乗り換え）
約30,000円（大手フィリピン航空）

④ 羽田－ジャカルタ
約27,000円～35,000円（エアアジアKL乗り換え）
約30,000円～50,000円（大手航空会社）

⑤ 羽田－ホーチミン
約25,000円～30,000円（エアアジア）
約30,000円～50,000円（大手航空会社）

⑥ 茨城－上海
約10,000円（春秋航空）

⑦ 羽田－台北
約9,000円（ピーチ）
約30,000円（大手航空会社）

⑧ 羽田－ソウル
約8,000円（チェジュ航空）
約40,000円（大手航空会社）

⑨ 羽田－シドニー
約30,000円～45,000円（エアアジアKL乗り換え）
約60,000円（大手航空会社）

⑩ 羽田－オークランド
約55,000円（ジェットスター）
約90,000円（大手航空会社）

⑪ 羽田－セブ島
約22,000円～35,000円（LCCを乗り継ぐ場合）
約40,000円（大手航空会社）

⑫ 羽田－香港
約12,000円（香港エクスプレス）
約30,000円（大手航空会社）

⑬ 羽田－カトマンズ
約30,000円～50,000円（LCCを乗り継ぐ場合）
約60,000円（大手航空会社）

⑭ 羽田－コルカタ
約25,000円～30,000円（LCCを乗り継ぐ場合）
約55,000円（大手航空会社）

※2015年7月の調査
※値段は2～3か月前に予約した場合の、週末（金曜）片道チケット平均価格
※価格は燃料込み
※夏休みなどハイシーズンは除く
※大手航空会社で割安の場合はトランジットありの可能性大（つまり直行便ではないということ）
※LCCの価格は手荷物代、食事代などのオプションをすべて省いた価格帯
※平日出発・帰国はより安くなる
※成田は羽田と大差ないので割愛

主要都市 航空券相場

次に、〝アジアは面白い〟ということ。旅話をしていると、海外旅行にあまり行く機会がない人、そして行ったことのない人は「海外旅行いいですね〜行ってみたいです」と頷いてくれることが多い。いやはや、ありがたいことである。ところが、そんな彼ら彼女らに限って、だいたいこんなことを言い始める。「行くなら中米が良いですね！」「ヨーロッパに行ってみたい！」。「うんうん、行ってみたらいいと思うよ」と相槌を打つものの、「やっぱりお金と時間が（苦笑）」という展開になることが本当に多い。デジャブというにはあまりに見慣れた光景すぎて、もはや既視感でも何でもない。そう言うことがはるか太古の昔からインプットされていたかのように、先の言葉を繰り返す。

そこで僕は、「アジアは面白いよ。お金もそんなにかからないし」と話すのだが、「アジアはそんなに惹かれないんです。もっと異国感のある場所に行きたい」とかなんとか言い始める。僕はこれに辟易している。行ったことがないのになぜ「異国感がない」と思えるだろう。であれば、その自分が考えている異国感とやらを求めに中米や欧米に行けばいいではないか。ところが、バグを引き起こしたように「時間が……」「お金が……」と同じことを言い始める。やれ異国感がない、人種が似ていて新鮮味に欠ける、先鋭的な文化に触れてみたい、うんちゃらかんちゃら。バカを言ってはいけない、アジアは圧倒的に面白い。

それでいてそれぞれ独立した文化がある。各国の醍醐味は次章で詳しく述べるとして、日常のなかに散らばっているいい意味での「?」が星の数ほどある。

さらには、安価で滞在ができる、ご飯が美味しい国が多い、英語が母国語ではないため語学力に自信が持てない人でも行きやすい……などなど、利点を挙げればキリがないというくらいアジアは旅行がしやすく、海外にあまり行ったことがない人こそが恩恵を受けられる要素に溢れかえっている。アジアを敬遠している人は、何かと海外旅行に高尚なイメージを抱いている傾向があるが、時代遅れと言わざるを得ない。今では、『王様のブランチ』を毎週欠かさずチェックするようなごくごく普通のお姉ちゃんたちでさえベトナムやタイに行く時代である。おまけに資金が流れ込み、過熱しているアジア（経済）の熱気たるや尋常ではない。現在進行形のアジアを見ておくことは、仕事をしている限り必ず役に立つ。今後、日本にアジア各国から旅行客が増えることを考えればなおさらのことだ。同じ黄色人種だからか、親近感もわきやすく、異国と自国の違いを学びやすいという点も大きな利点だろう。

確かにこだわりは大切だ。行きたい国を持っていることは素晴らしい。しかし、「海外に行きたい」と考えているのに、「この国は違う」と決めつけるのはいろいろと上から目線過ぎないか？　それは〝学ぶ〟ということに対しても上から目線であると言わざるを得ない。食べたことのない料理を前にして美味い、不味いが語れないように、行ったことのない国に対しても同様のことが言える。時間とお金に制限がある、でも海外に行ってみたい……そういう人は試食の場にアジアを選ぶことが最適だと断言する。もしそこで「やっぱり違う」と思ったら、それを次回に活かせばいい。「お！　期待以上に面白いぞ！」と思ったのならどんどん掘り下げて行けばいい。海外旅行に興味がある人はきっと面白いものを発見できる能力に優れた人が多いはずだ。国の個性を考える前に、自分の個性と向き合ってほしいのだ。

そして最後にもう1つ〝今こそのアジア〟の魅力について触れておきたい。沢木耕太郎『深夜特急』や蔵前仁一『ゴーゴー・アジア』などの名著に代表されるようにアジアの面白さは70年代から注目されていた。あれから約40年経って〝変わったもの〟〝変わらないもの〟があるにせよ、アジアの面白さは今なお健在だと思う。現在、アジア各国、特に東南アジアには多くの日本人旅行者が訪れている。それは旅行地としてだけでなく、自分や資産に対して投資をすることを目的とした投機場所としての側面も色濃く備えているからだ。資金が流れ込んでいるのは国や企業単位に限った話ではなく、個人単位でもアジアに大量の人とお金が流れ着いている。同じ日本人同士にも関わらず、「なぜこの国に？」といった話をすれば、驚くような目的や想定外の動機を耳にすることもしばしばあるほどだ。

例えば、海外移住を視野に入れてアジアに来ている人や節税目的でアジアに短期滞在している人、ノマドワーカーとして海外放浪している人、外こもりをしている人、シングルマザーで子どもの将来を考えて移住している人など、多様な考え方を持っている日本人がアジアに集っている。国外でそういう人物とたまたま海外旅行で来ただけの人とが交錯したとき、一体どんな会話が生まれるだろうか？　発見がたくさんあることが海外旅行の魅力と綴っているが、何もその発見は外国から受け取るものだけとは限らない。海外にいる同じ日本人から見出す発見も、素晴らしく多かったりするわけである。こういった体験はマニュアル本では決して得ることができない。

20代30代の働き盛りのビジネスパーソンの中には、先行不透明な日本社会に対して漠然と不安を抱いている人もいるはずだ。だからこそ、自分にとって何かプラスになるようなことをしなければいけないと考えている人も多いだろう。アジアにはそういう日本人が良くも悪くも多い。そこから見えてくるヒントは生きていく上で財産になる。アジアには、今を生きるニュータイプの日本人の価値観、仕事観、結婚観、死生観が散らばっている。

気分転換に来た人、観光に来た人、国外脱出した人、自分探しに来た人、友人を訪れた人、仕事で来た人、仕事に活かしたい人……アジアはそういうさまざまな目的をもった日本人旅行者が集う場所でもあるということも大きな魅力なのだ。

有給を利用するためには!?

効率的に短期間の海外旅行に行くためには、有給を計画性をもって行使することが大切だと前章でも触れた。とは言っても、中には使いたくても使えない人がいるに違いない。何と言っても日本は世界屈指の有給未消化率を誇る国だからだ。

オンライン旅行会社エクスペディアは、毎年25ヶ国、18歳以上の有職者男女を対象にした「有給休暇の国際比較調査」を実施しているのだが、2014年にワースト1位の座を韓国に譲るまで我が国は7年連続ワースト1位の座を堅持し続けるという偉業を達成している。驚きの有給消化率は2014年時点で約50%!! しかし、2012年、2013年は40%を割り込むという異常な数値を叩き出しているほどだったので、50%でも「マシになった」ほうである。加えてここ最近は、有名無実化した有給制度をあるべき姿に戻そうとする気運が高まっていて、「2020年までに有休消化率を70%にする」という政府の新成長戦略もあり、数年後には60％を超えている……なんてこともありうるかもしれない。さらには、日本の上司の約2人に1人が有休消化に対して協力的というデータも示されており、上司との距離の取り方次第では有給をきちんと消化できる人が増えてもおかしくない土壌が出来上がりつつある。

僕は東京中小企業家同友会さんとお仕事をさせていただく機会が多いため、そこで出会った社長さんたちに有給消化についてお話を伺ったことがあった。業種によって消化率はもちろん異なるものの、多くの社長さんが「3ヵ月前くらいに言ってくれれば休みを取ることはまったく問題ない」と答えていたのが印象的だった。ただ、社長たちからのアドバイスとして、「4年目あたりになると部下の育成というプラスアルファの仕事が出てくる。そのため自分の時間を創出することが多少難しくなってくるかもしれない。逆に言えば、3年目くらいまでは取りやすいし、取るべき癖をつけておいた方がいい。そうしないと取らない習慣が出来上がってしまう」。これは、頭の片隅どころか前頭葉に叩き込んでおいて損のない言葉だろう。

実は、先のエクスペディアによるアンケートでは、「有給を取るときに罪悪感を感じる？」

という問いも設けているのだが、日本人の26%が「はい」と回答しており、26ヵ国中最も多い驚きの結果となっている。有給消化率世界1位のフランスにいたっては、約9割が「もっと休みが必要」と答え罪悪感など微塵も感じさせていないにも関わらず、日本人は4人に1人が罪悪感を感じているのだ。取ろうと思ったら取れるのに、〝取らない〟人が意外に多いということがデータで示されている。

気になるその理由は、「人手不足のため」（1位）、「自営業で時間がない」（2位）、「お金がない」（3位）……ということらしいのだが、2位と3位の理由に関しては自己管理いかんによっては改善が見られるはずだろう。問題は1位の理由「人手不足のため」である。これればかりは、自分の力ではどうにもならない。たしかに、職場（部署）の人数が少ないがゆえに極端に有給が取りづらい環境で働く人もいると思う。しかし、そのなかには取ろうと思ったら取れるにも関わらず、人が良すぎるがあまり「自分だけが有給を取るわけにはいかない」と罪悪感を感じている人も少なくないのではないだろうか？

日本人が有給を取る際、後ろめたいと思う理由

1 人手不足のため

2 自営業で時間がない

3 お金がないため

有給を取る際、罪悪感を感じてしまう割合

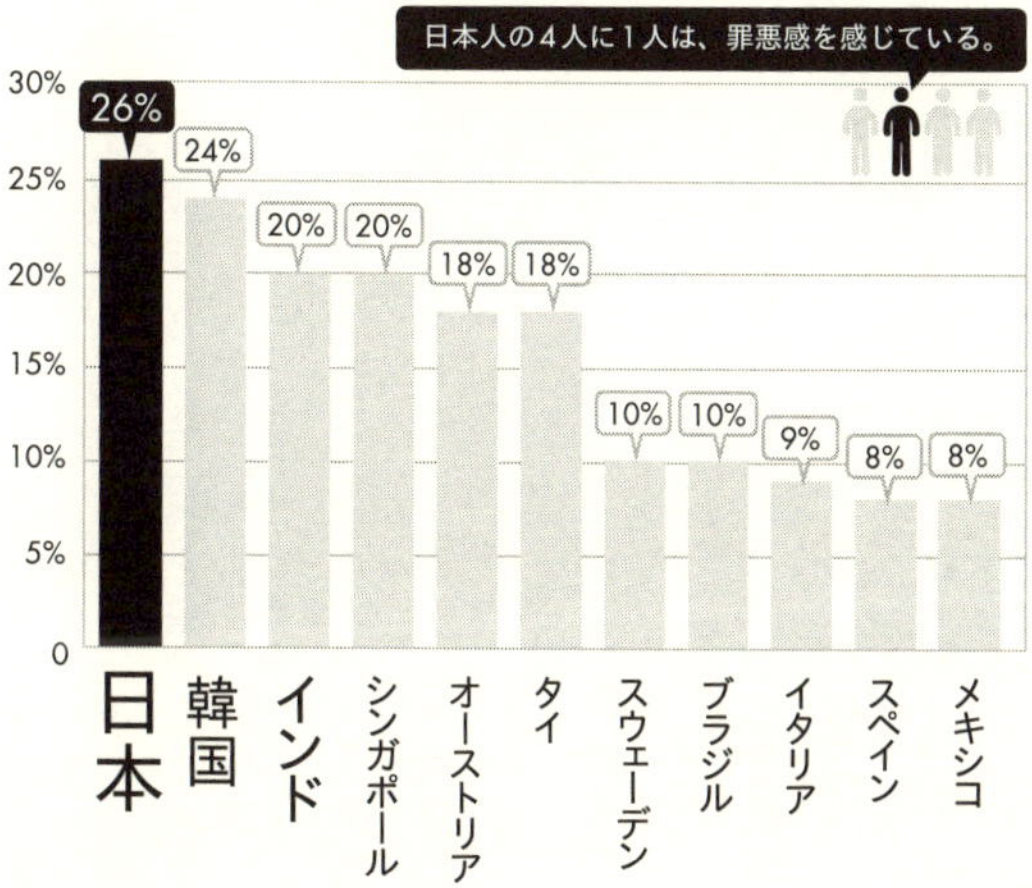

図2

同アンケートでは ワースト1位を7年連続で保持し続けてきた国にも関わらず、現状の有給日数（つまり世界一有給が取れない国）で満足と答えている人が約50%もいる。なぜそんなにもかしこまれる!? なぜそんなにも周りの目を気にする!? 多少言いづらいのだが、言うべきときに言う、取るべきときに取る、手を挙げるときに手を挙げる……そういう当たり前のことができなくなると、遠慮癖がついてしまうのではないかと不安になってしまう。先に紹介した社長たちの言葉しかり、取れるときは取ってほしいという声も増えてきている状況の変化もあるというのに！「どうせ有給は取れないんだからこの日数でつつがなくやり過ごし、波風を立てないようにしよう」、若くしてそんなふうに考えているのだとしたら、何のために働いているんだろうかと疑ってしまう。つつがなく給料をもらうためだけに働いているんだろうけどさ！

アメリカでは、「work hard play hard」という言葉が当たり前のように浸透している。文字通り、「一生懸命仕事をして、一生懸命遊ぶ」ということだ。真剣に仕事をしたからこそ、気兼ねなく遊ぶ、真剣に自分の趣味や遊びと向き合う。国民性の違いと片付けるのは簡単だが、皆さん、そういう生き方にどこかで憧れているのではないだろうか？ ましてや、若い世代はアホのようにこの世の春を謳歌した上の世代の借金を支払わされ、ひーこらひーこらと十字架まで背負わされているというのに、どこに罪悪感を感じる必要性があるのだろうか？

潜在的に眠る〝旅行は自己投資〟という意識

「そうは言っても職場で波風を立てたくないんですよ……」、そんな気弱な声もチラホラ聞こえてきそうなものだが、だからこそ計画性を持って臨んでほしいと繰り返している。何か月も前に伝えておけば事前に職場で根回しもできるし、仕事のスケジュール管理にも余裕が生まれてくる。上司や同僚とのコミュニケーションが苦手な人もいるだろうが、〝仕事で活かす〟意識をほんの少し持って海外旅行に行くようになると、先述したようにコミュニケーション能力や交渉術が伸びていく。有給を行使して海外に出かけることで、必ず意識に変化が訪れる。だからこそまずは有給を使うという意思を持ってほしい。そして、その使い方の選択肢として海外旅行に行くという意識を持ってほしい。「海外旅行に行く！」という意識が芽生えれば、旅行期間を増やすために「有給を使う」という考え方が現実的になっていくのではないだろうか。

罪悪感を抱いてしまい、本当は取ることができるけど放棄している人、取ることで暇だと思われるのを危惧する人、そもそも取れないと初めから諦めている人……本来は消化するためにある有給を自分から放棄する人が日本には本当に多い。実は先のエクスペディアのデータでは、「仕事の満足度」という項目においても、日本はワースト1位に輝いてしまっている。

結局、休みが限られていることで「満足しきれない」という悪循環に陥っている人が少なくないのだ。「一生懸命仕事をして、一生懸命遊ぶ」という意識が希薄なら、仕事の情熱も満足度も薄れてきて当然だろう。推して忍ぶとは日本の美意識かもしれないが、時代が変移していくなかで今までと同じような意識を持って仕事や休暇と向き合っていいのだろうか。企業によっては夏期休暇やライフプラン休暇といった有給もある。使っている人は使っている。使わない若い世代の皆さん、もっと自分の仕事を楽しむために、休みを謳歌するという気持ちを持ってみないかい？　有給は前年分まで積み立てることができるので、じっくり考えて、じっくり作戦を練ることだってできるはずだ。

住友生命保険相互会社が2014年8月にリリースした「自分への投資」アンケートでは、3人に1人が自己投資の筆頭に旅行を挙げているなど、異文化体験でリフレッシュ、もっと「旅行」に投資したい、と考えている人が多いことがデータに表れている。また、驚くことに20代〜60代、すべての層において「旅行」が自己投資の筆頭に挙げられるなど、実は旅行への潜在的な意識は、自分たちが思っている以上に高いことが分かる。

〝旅行離れ〟などと言われて久しいが、たしかに1990年代半ば以降から若い世代が海外旅行にでかける機会は減った。ところが、2008年のリーマンショック、2011年の東日本大震災を挟んで、出国率の推移は再び上昇気流に乗り始めていることが見て取れる。10代後半、20代前半の出国率は90年代のピーク時を上回る水準に達しつつあり、「若い世代の旅行離れが著しい」という状況から様変わりしてきていることもうかがえるほどだ。不透明な時代だからこそ、旅行への憧憬が高まっているのかもしれない。若年層の旅行に対する意識の変化の背景には、旅行は〝お金をかける価値のあること〟という考えが広がっており、海外留学を義務化する大学も増えているほどだ。だからこそ、企業も積極的に有給ないしは、若い世代が考えていることを汲み取ってほしいと思う。

この本は主に20代30代の若いビジネスパーソンに向けて書いているため、上司として君臨するであろう40代以上の方に読まれる機会は少ないかもしれない。ですが、もしもその世代以上の方がこの本を読んでくれているなら、若い世代が「work hard play hard」できるような理解と配慮を示してほしいと願っている。若い世代が活き活きと仕事をするということは、会社全体の利益になることは明らかだと思う。ゆくゆくは会社全体、国全体として有給を消化できる枠組みを作っていくことが理想的とは言え、まずは個の単位で考えるところから始めてみないことには始まらない。罪悪感を覚える、取れるけど取らない……こんなことを考えるよりも、一生懸命仕事をするから気兼ねなく休むと考えたほうが健全に仕事ができると思うのは僕だけでしょうか。

コストは日本の約3分の1

海外旅行でお金を使わないように工夫するなら断然、個人自由旅行がおススメだ。安いタイミングで格安航空券を手に入れ、ゲストハウスなどコストのかからない宿選びをすれば、限りなく旅費を抑えることができる。

先に触れたようにアジアの国々はまだまだ安い。現在の円安状況（2015年時点）に加え、経済成長著しい東南アジア、特にタイやマレーシアの物価指数は上昇の一途を辿っているとはいえ、日本に比べれば十分安い。2000~3000円も出せばクーラーあり、ミネラルウォーター支給ありのシングルルームに難なく泊まることができ、食費に関しても、現地人が行くような食堂や飲み屋であれば、日本の半分〜3分の1程度の料金で済む。往復航空券代に3〜4万円ほど費やしても現地滞在費が安いので、トータルで6万もあれば余裕で滞在が可能となる。自分で計画した4泊5日の国内旅行（そこそこの宿と食べ物でさえ、移動費などを考慮すれば5〜6万円ほどかかることは珍しくない。自分でプランを考えさえすれば、国内に行くことも海外に行くことも金銭面では大きな差はなくなりつつあると言っていいだろう。年に2回ほどの出費と考えて、事前に計画さえ練れば簡単に貯蓄できる金額であり、お金持ちでなくても働いている人間が定期的に旅に行くことは金銭面から見ても問題ないのである。

移動費に関しても、アジア各国はLCC以外にバス料金も安いため、市内を走るバスはもちろんのこと都市間を結ぶ高速バスでさえ驚くほど低価格だ。例えばバンコク－プーケット間（約900㎞／約13〜14時間乗車）。リクライニングシート&ミネラルウォーターが無料で支給され、なおかつ深夜のサービスエリアでの食事も無料というデラックスバスで移動したとしても約2500円しかかからない。時間がもったいないという人はLCCを使って約6000円（フライト時間1時間半／平常時）で飛べばいい。ただし、プーケット国際空港から市内の中心地へのアクセスは非常に悪く割高なタクシーを使うか（市内まで約45分／約3000円）、乗車率が80％を超えないといつになっても出発しないバス（約700円）を使うかの二択となる。何が自分にとって最良の方法なのか、効率性と経済性の面から考えてそろばんをはじき出すことが、自分の肥やしにつながってくるというのはこういう部分からも言えるわけで、旅を通じて時間管理や金銭感覚が養われていく。おまけに、日本との物価の相違を肌で感じるため、生活水準や暮らしの豊かさなどに関しても思うところが出てくるだろう。

移動費に関しては計画性とリンクするためピンきりになるものの、宿泊費と食費だけなら1日合計2000円以下で済ますことも十分可能だ。2000円×滞在日数＋移動費＋航空券……最安値の旅を考えるなら、これくらいの予算を考えておけば問題ない。もちろん、僕たちは働いていて、長期旅行をしているわけではないので宿泊費や食費のグレードを自分の余裕があるレベルまでいかように上げてもいい。

日本でビジネスホテルと言われているような宿泊施設に泊まろうものなら、ワンルーム6000円前後は必要だ。ではバンコクやクアラルンプールは？　というと、ワンルーム（だが広い！）約3000円。日本でビーチリゾートにある中級以上のホテルに泊まろうものなら10000〜20000円前後かかることも珍しくないが、東南アジアのリゾート地なら6000円も出せばかなり満足できる宿泊施設に泊まることができる（オンシーズン7000〜8000円、オフだとその半分くらい）。さらには日本は個人単位での料金換算になるが、海外は部屋単位の料金換算なのでグループで行けば人数分割安になるのも魅力的だ。トリップアドバイザーやアゴダなどのサイトを見れば、その安さに驚くこと必至なのでぜひ一度チェックしてみてほしい（4章で後述）。最安値を狙うならゲストハウスのドミトリーで1日1000円以下に抑えればいいし、ちょっとリッチに過ごしたいなら自分の予算に応じて宿を選べばいい。

食べ物に関しても同じ感覚で問題ない。東京でお酒を飲んで美味いものを食べるとしたら、一人4000〜5000円ほど覚悟しなければならないが、同じような量と質を東南アジアの都市で楽しむならおそらくその半分でお釣りが来る。短期旅行だからこそ、惜しみなくお金を費やして美味いものを食べることも醍醐味であり、あえて現地人が日ごろから口にする安いローカルフードを食べるのも新鮮で発見に溢れているので面白い。

衣服に関しては各国によって価格の違いはあるものの、東アジアの都市を除けば現地調達でも〝痛い〟出費にはならないことも覚えておいてほしい。おしゃれをしたい人は荷物が多くなりがちだが、サクッとアジアを楽しむなら可能な限り手荷物は少ないほうがいい。最小限持参して現地で衣類を買うという選択肢も珍しいことではなく、東南アジアであればエスニックな服は決して高くないし、高温多湿な国が多いだけにその国の服を着たほうが機能性にも優れていたりする。ブランド物に代表される〝無駄に良い格好〟は足元を見られるだけなので、考えて身に着けるようにしてほしい。ブランド物を付けているということは「お金を持っています」と宣伝しているようなものなので、見た目に気を遣うことがリスクヘッジになるということを決して忘れないように。そういった配慮も海外だからこそ気が付かされる部分でもある。

貧乏旅行を推奨するつもりはないが、お金をかけないように心がければ極力コストのかからない旅をすることも可能になる。格安旅行を推奨した『ヨーロッパ（1日5ドル）の旅』などを上梓し、アメリカで一躍有名になったアーサー・フロンマー氏は、「when you travel, the less you spend, the more you enjoy（旅をするならお金を少なく使うほどより楽しめる）」なる言葉を残しているのだが、これは「貧乏万歳！」と言っているわけではない。旅行者が現地の食べ物を食べ、現地の乗り物を利用すればおのずと現地の人たちと交流が生まれその土地土地の文化や風土を知ることになる。お金を使わないことは、結果として現地を知る密度の濃い体験につながるということを言っているわけである。お金を使う・使わないということはこういった側面とも密接に関わってくるため、必ずしもリッチな旅行のほうが優れているとは限らないと付記しておく。貧乏旅行に抵抗を感じる人は、フロンマーの言葉を咀嚼してみると違った考え方ができるようになるかもしれない。お金がないということは、海外旅行においてはポジティブにとらえることもできるというわけだ。

ただし、使うときは使うという考え方があったほうが人生に役立つ、とも付け加えておく。お金を使う部分と使わない部分、そのバランスが分かるからこそ、日本でお金を使うときに、より自分にとって価値のあるお金の使い方ができるようになっていく。支払ったお金とその対価、サービスを考えてみる。成長著しいとは言えまだまだ安価で未熟な部分も多いアジアでどうお金を使うか……金銭感覚を養うにもアジアは最適な場所と言えるのだ。

英語を恐れる必要などない

海外に行く上で何かと不安になる要素の1つに、現地での会話、すなわち語学力を挙げる人が多い。海外に行く以上、誰もが不安になることだが、そんなに難しく考えなくて大丈夫だ。というのも、東アジア・東南アジア各国で英語が活躍する国は限られてくるからだ。基本的に多くの国が現地母国語が主流となるため、極めて簡単な英語以外は通用しないと考えていい。逆に言えば、簡単な英語だけを覚えておけばいいということだ。

では簡単な英語とは何か？　その話をする前にとにかく日本人は〝間違えること〟を異常なほど気にすることについて話をしておきたい。

まず英語に自信がないという人に是非とも肝に銘じておいてほしいことは、多くの外国人が異口同音に唱える「外国人は日本人が気にしているほど間違いに敏感じゃない」ということ。例えば、僕らが英語を話しているときに三単現のSだとか、過去形、過去分詞形を間違わないようにものすごく配慮して話すようにしていると思うが、そんなことはまったく気にする必要はないという。逆の立場になって考えてみたら分かりやすい。

日本語が少し話せる外国人と話をするときに、「ワタシハ　きのう　鎌倉を　行った」と聞かされたとして、「鎌倉に、でしょ?」と指摘する人はまずいないだろう。「鎌倉を」言われてもセンテンスとしては十分に理解できているため、そのまま話を続けることに関しては何ら支障がない。同様に、僕らが英語で何かと気にしてしまう三単現のSや過去形、過去分詞形、前置詞at, in, onの使い分けに関しても、外国人は同じような感覚でとらえていると言う。僕らがそれらを間違って使ったとしても、センテンスとしては十分意味を成しているものになっているので、「間違ってないかな!?」なんて気にしながら話す必要はほとんどないのである。むしろ、そんなどうでもいいことに気をとられていると、本来伝えたかった自分の意志や気持ちが散漫になるだけだ。〝気持ちを伝える〟、それこそが一番大事なことであると同時に、簡単な英語への近道になるわけだ。

話を戻そう。では、簡単な英語とは何か? 僕はライターという仕事上、さまざまな人に取材をすることが多いのだが、その中で英語にまつわる取材をさせていただいたことがあった。今回、この本を上梓するにあたって、僕個人の話で恐縮ではあるが、英語教育としてとても感銘を受け、そして合点のいったお話をしてくださった『株式会社　児童英語研究所』の船津洋先生のアプローチをここで紹介させていただければと思う。

まず、アメリカ人の子どもは3歳の時点で立派に両親と会話が成立しているという。これは英語に限った話ではなく、どの国の言葉でも3歳になるころには両親と意志の疎通が取れているようになっているということである。つまり、3歳の時点で立派に大人と話すことのできる語学スキルを持っているということになる。英語で言えば、3歳の段階で覚えている言語は約１０００語。これには the, is, I などの単語も含まれている。つまり、我々も同じ数の言葉を覚えれば、確実に意思の疎通が取れるようになるわけである。ちなみに中学校で我々が教わる単語数は約１５００語。実は、数だけで言えば十分に会話が成立する単語数をすでに学んでいることになるのだ。とは言え、学生時代に習った簡単な単語が連なることによって特別な意味になる be interested in, be covered with などの慣用句や、have, get, take といったいくつもの意味を持つ単語に頭を悩ませるという現実問題がある。だが、心配するなかれ。船津先生によると、これらが分かるようになるとっておきの練習方法があるという。それはズバリ、リーディングだ。

何かと日本の英語教材というとリスニングがもてはやされる傾向が強いが、大人になってからの英語リスニングは効率的な勉強方法ではないと先生は言う。子どもの脳であれば柔軟性があるためリスニングとの相性も良く、英語を聞いているだけでどんどん英語脳になっていく傾向にあるのだが、脳が出来上がってしまっている大人ではリスニングはあまり効果がないというわけなのだ。むしろ、脳が出来上がっていることを利用して、情報処理能力を活かし英語を情報として理解していくことこそが肝要になってくるという。すなわち脳に直結して情報を送り込む〝視覚〟から読み取ることが重要で、日本でいうところの『スイミー』や『スーホの白い馬』のような小学生が読むような国語の教科書レベルの英語本を読むことが大切になってくるというのだ。これらの本には、haveやtakeやgiveといった英語の核となるワードが頻繁に出てくるため、同じhaveでも場面によって意味やニュアンスが変わることが分かり、inやoutなどの前置詞がつけば違う意味になることも把握できるようになってくるという。子どもが読む教科書ゆえ、例えば「降参する」という意味のsurrenderは難しすぎるため、子どもでも理解できるgive inで表現されていたりするわけだ。見慣れた単語であるhaveやtakeやgiveが、このように繰り返し登場することで単語のイメージが分かるようになり、情報として処理できるようになっていくというわけである。もっと掘り下げたいという方は、船津先生の『たった「18単語」！「話せる英語脳」になる本』（三笠書房）などを読んでみると膝を打つこと間違いなしだろう。

海外旅行に必要な英語スキルと聞くと無駄に構えてしまう人が多いだろうが、意外に簡単に自習ができてしまう。小学生レベルの本を読むことと間違いを気にしないように発言すること。これだけあればアジアレベルでは十分通用するし、それが自信になってどんどん英語力を身につけようと奮起するようになる。将来的に欧米諸国への旅行を検討しているることを考慮したとしても、ネイティブの英語は生きた英語なのでやはり直接聞く以外に慣れていく方法はないと思う。そのために、まずは自分が会話ができるスタートラインに立っていないといけない。先述した英語勉強法はそのスタートラインに立つ上で手軽に始められるし、何よりこの本の主点でもあるアジアへの海外旅行を考えるとピッタリの勉強法だと思う。

海外に行くからと前もってやたらと教材を買い込んだり、英語教室に行く必要はどこにもない。それこそ最低限の準備をして現地で生きた会話をしていく中で、他者と会話をする上で何が大切かを感じ取っていけばいい。英語を話せること以上に、会話を交わすことが大事なのだ。それは難しいセンテンスではなく、とてもシンプルな言葉でも成立してしまう。言葉の力が分かると、あなたの意見やプレゼンにも重みが増すと思うのだが、いかがだろう?

一人で行くことはカッコいいことではない

個人自由旅行で行く海外旅行と聞くと、あたかも一人で行くことが大前提に聞こえるかもしれないがそんなことはない。誰だってはじめは不安だろうから、2~3人で出発すればいい。今や一人でサクッと出かける僕も、最初はやっぱり不安で、友人と2人で東南アジアに行った。よく海外旅行に出かけていると、バックパッカーが「海外は一人旅じゃないと醍醐味がない」などと得意げに話している。確かに一人で行くといろいろと鍛えられることは多いが、醍醐味なんてのは人それぞれであって、きっかけはリスクを減らせるグループで作ったほうが賢明いくらいだ。

一人で行くことや期間の長さ、緊迫感のある旅をすることが人を成長させるとは限らず、やはり明確な目的意識があるかないかの差はとても大きい。「一人で行ったほうがイケてる」みたいなファッション的な感覚であればあるほど、実利＝ビジネスシーンや社会で活かせるスキルを忘れがちになるのではないかと思ってしまう。

「友人とのスケジュールが合わない」。海外旅行に行きたいけど行けない理由として意外に多いこの言い訳も、短期で行くことを考えれば比較的都合を合わせやすいパートナーが見つかるのではないだろうか。慣れないうちは気心の知れた友人と行きたい。それは至極当然の気持ちだろうから、「スケジュールが合わない旅」を考えるのではなく、まずは「スケジュールを合わせやすい旅」を考えてみるのも一興だろう。そういう意味でも安く、近いアジアは最適と言える。行くことで多くの発見を得ることができ、次回につなげるという意識を持てば、おのずと次の機会を作ろうと自分自身で考え奔走するようになり、いずれは「一人で行ってみようかな」という気運も高まってくるに違いない。

一人で行くこととグループで行くこと、どちらのほうがよりビジネスシーンで使えるスキルが上達するかと言われれば、やはり「一人」ということは間違いない。だが、グループで行けばグループの面白さもあることについても少し触れておきたい。

二人旅の場合は、協調性や譲歩する力がないと間違いなく相方と気まずい関係になる。「俺は○○を食べたい」「いやいや僕は食べたくない」……こういうことは日常的に起こるため、妥協するか代替案を提示するか、一時的に別行動にするか、そういった判断力が求められる。友人だからとフランクすぎる適当な感覚では実利を得づらいため、1章で列記したことは複数で出かける際も念頭に置いておいてほしい。二人で行くということは、自分の好きなようにスケジューリングできる一人旅よりも、パートナーにも気を遣う大人な対応が求められることが多いかもしれない。海外との接点を持ちながら、身近なパートナーとの接点も考える上手なやり口が必要なわけで、社会という自分の外側と、身内、友人、知り合いといった内側を持ちながら生活する我々としては、二人旅から得るものも十二分にある。黙々と仕事をしている人は確かに仕事がデキるかもしれないが、必ずしも社内での評判がいいとは限らない。誰かといる以上、その〝誰か〟を気にしないのは、コミュニケーション能力が欠落していることを意味するからだ。

三人旅（もしくはそれ以上）の場合は、人が多いことが何よりの利点だ。グループ行動をすれば安全面は強化されるし、ご飯を食べているときなどはとかく楽しい。例えば、それぞれがその日一日別行動をしたとして、夕ご飯時に再合流してビールでも飲みながら各人が過ごした今日一日を話せば、とても発見に満ちたものになる。自分の目は2つしかないが、3人で行けば6つの目がある。1粒で3度美味しいではないが、複数の気心の知れた友人と海外に行くことは、自分では気が付かなかったことに気付かせてくれ、多角的にその国をとらえることにつながる。

そしてパッケージツアーも侮ってはいけない。僕自身、2回ほど参加したことがあるが、比較的お金を持っている方々が参加されるため、周りはリタイヤした老夫婦や壮年の夫婦などが多くなる。初めて会う世代を超えた方々と期間限定で団体行動を共にすることは、ある意味では小さな社会の縮図に自分を置くということでもある。しかも20代30代がそのなかに入るということは、おそらく若手の部類に入るため、率先して手伝うことも自然と増え、ときに添乗員さんから「○○をお願いしてもいいですか？」とサポートをお願いされることもある。おまけに、おじちゃん、おばちゃんたちは話しかけてくることが大好きなので、上手に会話できないといけない。家族旅行ともなれば、自分の家族にも気を遣うし、周りとの協調性も考えないといけないので意外にやることも多いだろう。パッケージツアーと言えども侮るなかれ、である。

とは言っても、やはり一人旅で得るものは抜群に大きい。先述したように一人で行く絶対的理由はないものの、もし興味が出てきたらいずれは足を踏み出してほしい。一人で出かけるということは、すべて一人でやらなければならないことを意味するわけで、企画立案、制作、編集（アレンジ）、構成、ディレクション……こういった要素をすべて自分で行う力が嫌でも身に付くことにつながる。もしこれをブログに書き綴ったり、他者に土産話として発表するならプレゼンも自分で行うことになる。

・どこにどんな目的を抱いて行くか＝企画立案
・宿の手配・ご飯のリサーチ・交通の有無・ネット環境の優劣・物価の高さなど＝制作
・現地でイレギュラーなことが発生したときの対処法＝編集（アレンジ能力）
・旅行期間と1日のスケジュール管理、および詳細な行動リスト＝構成
・現地の人へのリサーチ、コミュニケーション＝ディレクション（方向性の確認・指示）

・帰国後に渡すお土産（話含む）＝プレゼン＆謝意

このように一人で自由旅行をすることは右記をすべてこなすことになる。そして、これらを遂行して出かける場所は海外。理不尽なことも起こりうる海外でこういったタスクを完遂できるようになれば、日本に戻ってきたときにどうなっているか少し想像してみてほしい。母国語で話ができ、（仕事ができる人できない人がいるとはいえ）仕事をしてくれる日本の環境下に置き換えると、驚くほどスムーズに作業ができるようになる。二人旅でもグループ旅でも、以上のようなことを意識すれば一人旅ほどではないにしろ必ず効果は感じられるはずだ。ただし、目的意識（企画立案）をはっきりと持つということは大前提だ。一人で行っても右記の意識が欠けてしまっていては、飛車角落ちどころか王将不在の旅路になってしまうので、できるだけ明確な目的を持ってプランニングしてほしい。

先に登場していただいた株式会社『風のカルチャークラブ』代表取締役・嶋田京一さんによると、「弊社で言えば、一人でツアー参加される方が多い」という。しかも、ツアー参加者の男女比は、概ね6：4、7：3で女性が多く、8：2というときもあるのだとか。目的意識を掘り下げていくと、必ずしも友人や身近な人と同じ目的にたどり着くとは限らないだろう。目的を共有するパートナーはいないが○○に行ってみたい、そういった人はパッケージツアーを上手に使えば（多少お金はかかるものの）、中身の濃い有意義な時間を過ごせるということも付記しておく。特に、『風のカルチャークラブ』のような国内外問わず明確な目的や経験をプランで謳っているツアーは、「個人自由旅行は敷居が高い。でも、自分の目的と合致する一緒に行く人がいない」という人たちにとって添え木となる存在だ。こういう旅行会社を通して、海外旅行の面白さに気が付くのも1つの手だろう。

「今まで一人旅をしてきたが、この国だけは一人旅では回り切れないためツアーに参加するという人も珍しくない」と嶋田さんが言うように、パッケージ旅行を上手に使う人が今後は増えてくることも大いにありうる。今や日本人が数多く訪れるボリビア・ウユニ塩湖だが、ウユニ塩湖に個人で行くためには、ウユニの町から塩湖まで現地のツアー会社でツアーを手配し、グループを形成しなければならない。雨季ともなると文字通り雨後のたけのこ状態で、日本人がわんさかと大量発生するためツアーのメンバーは比較的現地で調達しやすいものの、人が集まらなければもちろん出発は延期となってしまう。

世界の絶景や辺境の場所を訪れるとなると、このように個人（一人）ではどうにもならないケースもある。私事で恐縮だが、ジョージア（旧グルジア）のウシュグリ村に行った際に、メスティアーウシュグリ間に公共交通機関がないため4WDをチャーターしたことがあった。1台往復約10000円（2014年当時）かかることを事前に把握していたので、僕はメスティアの広場に待機し、片っ端からインフォメーションセンターから出てくる外国人に対して、「明日一緒にウシュグリに行きませんか？」と交渉し、なんとか4人集めたことがあった。おかげさまで、一人当たり約2500円までコストを下げることに成功したが、一人で行くということは場所によっては労力と費用を要することにもなる。

「この国だけは一人旅では周り切れないためツアーに参加する」という気持ちはよく理解できるし、第一章で触れた「現地集合の海外旅行」＝〝一人旅の集合体〟という新しいモデルケースは、意外に早く浸透するのではないかと思うほどだ。一人で行くという意識ですら年々変わりつつある。一人でも複数でも、〝企画立案〟さえ定まっていれば、きっと発見に満ちた素晴らしい旅行ができるに違いない。

海外が危険？　日本も同じです

「海外に行ってみたいけどやっぱり怖い」。そう思う人も少なからずいるだろう。最近では海外で物騒なことが頻繁に起こることもあって、ためらってしまう人の気持ちも分からなくはない。

限られた時間と予算の中で行く短期の海外旅行を立案していくと、行き先はアジアが現実的であり、2人で行くことも決して難しいことではない。この時点で、安全面に関してはかなりクリアされていると思う。もちろん、アジアのなかにも危ない国はあるが、タイやマレーシア、ミャンマー、ラオスなどはかなり安全な部類に属すると思う。マレーシアは2020年に先進国入りを目指しているため、クアラルンプールやマラッカ、ペナン島、ランカウイ島など洗練された街が多い。タイとの一部国境（スンガイ・コロク）付近は危険だが、それを除けば非常に治安面にも優れた国であると言えるだろう。

同様にタイも今やアジアを代表する途上国であり、毎年多くの日本人観光客が訪れている説明不要の人気旅行先の1つである。リピーターが多いというのはそれだけ魅力に溢れ、治安においても安心感が高いから「また行こう」となるわけだ。ミャンマー、ラオス、スリランカに関しては、仏教が浸透しているからなのか包括的な優しさが行き届いており、とにかく過ごしやすい。これはタイにも言えることだが、アジアの仏教国は何かと他者に寛容というか、配慮の気持ちがある。何か月も前からそこに住んでいたのではないか？　という錯覚にとらわれるほど、自然と溶け込めるフィーリングがある。

ただし、先述した比較的安全な国でも気を付けてほしいのは、都市の繁華街になるとどんな宗教よりも拝金主義が崇拝されるという事実があるということ。当たり前だがお金が落ちる場所や貧富の差が激しいエリアでは、崇めるべき第一対象は神よりも紙（幣）だ。お金の匂いがする場所では単独行動を避けるなど慎重に行動する、もしくは行かないと割り切る選択もあっていいかもしれない。「行かない」というのは極端すぎるかもしれないが、治安面や安全面を心配している人は「行かない」という選択肢を選ぶことでおそらく懸念しているトラブルの大半は回避できる。

アジアと言えども紛争地帯や危険なエリアはあるわけだが、そんなところに行く人はジャーナリストくらいであって、普通に海外旅行に出かける人はわざわざ危険地帯に出向くことはない。となれば、海外旅行におけるトラブルの大半は、窃盗とピンキリの額のぼったくり被害がほとんどとなる。窃盗で最も気をつけなくてはいけないのはiPhoneだ。iPhoneは他社のスマートフォンよりも付加価値が高く、現地ですぐに高値で換金できるため、窃盗を生業にしている人間たちからも大人気商品として扱われている背景がある。テーブルの上にiPhoneを何気なく置いて、少し脇見をした瞬間に取られるというケースは〝あるある〟ネタなので、スマホは必ず自分の視覚に入る範囲に置いておくか、ポケットに入れておくように。

ぼったくり被害についてだが、三輪タクシー、タクシー、宿、お土産屋、歓楽街の飲み屋・風俗店、言ってしまえばこういうケースで多少の金銭的ズレが生じ、「お金を多く支払わされた」となることがほとんどだろう。歓楽街の飲み屋を除けば、それほどダメージを負うような額ではないし、交渉をきちんと行えばぼられるようなこともない。ただ、歓楽街の飲み屋・風俗店に関しては、限りなくグレーなので事前の交渉だけでは難しいところもあるかもしれない。

と言っても、これは日本でも同じだろう。2015年に入って新宿歌舞伎町でのぼったくり被害が急増していることをご存知だろうか？　昨年1年間で110番通報が約670件だったのに対し、今年は1～3月だけで約700件と大幅に増えているのだ。なんでも東京オリンピック前に歌舞伎町がクリーンアップされかねないので、その前に荒稼ぎをするお店が増えているからだという。日本においても安心・安全なんてものは、場所によって劇的に変わってしまうし、状況によってはある日突然毛色の違うものへと変貌してしまうわけだ。「暗い夜道を歩くときは注意しろ」「知らない人についていくな」「怪しい言葉をかけてくる奴は無視しろ」、日本にいてもよく言われることだが、それを守れないから日本でもぼったくり被害に遭うわけである。そういった常套句はもちろん海外も同じであり、それを守るだけでリスクは大幅に減らすことができる。極端に怖がってしまう人はそういう場所に行かなければいいだけの話。普通に歩いていても、日本語のない世界に身を投じれば発見はいたるところにあるわけで、無理をして歓楽街や繁華街に行く必要はない。

それでもなぜそういう場所に行ってしまうのか？　簡単だ。日本ではないからである。アンテナとともにテンションもアゲアゲ状態になってしまっているがゆえに出かけたくなってしまうのだ（悲しいかな！）。それだけ海外旅行は魔力を持っている。だからこそ、きちんと情報を把握しておきましょうというわけである。危険じゃない場所（＝楽しい場所）に行くということを明確にしておけば、その時点でリスクは激減だ。歌舞伎町を横切ったらキャッチのお兄さんが「わーわー」と声をかけてくる。そんな気がなくてもフラフラと吸い寄せられる可能性もある。だったら、最初から歌舞伎町を横切らなければいいだけの話。情報を仕入れるということは自分の身の安全を守るために必要なことであり、行き当たりばったりで行動している人は会社でもすぐに窮地に陥るだろう。

もう1つ、海外で出会う欧米系を筆頭とした他の外国人旅行者と話をするときは、自分の意見や主張を持っていないと「だらしない奴」と思われる傾向にあるので覚えておいてほしい。例えばゲストハウスのプレイルームなどで、「お前は何を飲む?」と聞かれて「任せるよ(up to you)」「なんでもいいよ(anything is ok)」なんて答えた日には、総スカンを食らってもおかしくない。「〝何〟を飲むか?」と問われているので、何でもいいから答えなきゃいけない。欧米社会は〝主張すること〟が重要なので、曖昧な態度は「情けない奴」というレッテルを貼られてしまう。ビールでもコーヒーでもオレンジジュースでも何でもいい。自分の意思を表示することがいかに重要か身につまされるだろうから、海外にいけば意思を提示することの大切さも思い知ることになる。

ただし、自分の意思や意見をなんでもかんでも言ったら孤立してしまう。これは職場でも同じだろう。だからこそ、距離感を見定めるコミュニケーション能力も蓄積されていく。コミュニケーション能力とは全体を把握する能力でもあるわけだから、自分の置かれた状況を冷静に分析していく能力でもある。自分はどうアプローチし、どう相手の感情を受け入れたか、海外旅行時の対話経験を思い出すことは、コミュニケーション能力向上に必ず役に立つはずだ。コミュニケーション能力に加え情報収集能力を向上させていけば、嫌な体験と遭遇する機会はますます減っていく。あとは、〝調子に乗ってもいいけどハメは外さない〟ことを忘れなければ大丈夫だ。

できること・できないこと、やりたいこと・避けたいことを考える

欧米の外国人旅行者と話をすると、日本人の旅行スタイルは独特だと指摘されることが多い。なんでもかんでも写真に収めることも不思議に映るようだが、意外と耳にするのが、「なぜ日本人は同じところばかりに行く？」ということに対してだ。確かに言われてみれば、ハワイが気に入った人はハワイばかりに何度も行くし、イタリアが好きになるとまたイタリアに行こうとする人は多いかもしれない。もちろんそれらは個人の自由だし、好きなように自分の休みをコーディネートすればいいので、余計なお世話だと思う部分もある。

ところが彼らは、「発見は頭を使うことになるから新鮮味のあるところに行くにこしたことはない」と胸を張る。実際、欧米の旅行者と話をすると、色々な国を巡っている人が実に多い。「世界各地に行こう」と言うつもりはないが、選択肢というか柔軟性も持ち合わせたほうがいいというのは納得である。

例えば、「犬」。日本では愛くるしいペットとしてお馴染みの犬も国が変われば、違う記号になってしまう。韓国や中国の一部では食べるものとして扱われ、アラブ諸国では「犬（カルブ）」は悪口になってしまう。何気ないことだが、いろいろな場所に行くということ

は、それだけいろいろなとらえ方が存在していることを知る機会につながる。日本からアジアだけでも何十ヶ国と格安で渡航できる時代だからこそ、俯瞰できる鳥の目を持って旅先を決めてほしいとも思うわけである。

目的意識については何度も触れているが、具体的な目的を持った方がいいことにも触れておきたい。具体的な目的とは、「〇〇に行きたい！」「〇〇を食べたい！」「現地の人と交流したい！」などである。目的が明確だとそれだけスケジュールを含めた自己管理がしやすくなり、実利＝ビジネススキルへとつながっていくのは先述したとおりだ。

一方で、「刺激がほしい」「自分の殻を破りたい」といったよくわからない理由で海外に出かけることには、危険性を感じてしまう。「刺激がありそう」という理由で慣れてもいないのにそういう判断をしてしまう人は、まるで根拠のない行動をチョイスしているにすぎない。仕事でもつい、そういったリスキーな選択をしてしまっているのではないだろうか。

もっと言うと、そういう抽象的な言葉を口にする人には、「日本では刺激がないの？」「日本でチャレンジするものがないの？」と思ってしまう。厳しい言い方かもしれないが、自分に原因があることを理解できていない。何でも揃っている日本で刺激的なものが見つからない人が、海外に行って刺激的なものに出会えるわけないだろうと思うのだ。瞬間的に海外に行くと抑制されていた自分の気持ちや行動が解放されるため、確かに刺激的で楽しい瞬間も多々ある。だが、そんな即物的な刺激を求めて旅行に出かけてしまうからこそ、自分の身近な生活に利用するという発想が希薄になる。よく分からないフワフワした目的をわざわざ持たなくても、否応なしに現地ではそういう瞬間とたくさん巡り合うことになる。無意識でも遭遇することになる。わざわざ念頭に「刺激的な体験」などという薄っぺらい身のない大義名分を掲げなくもいい。それよりは明確な目的を持つことのほうがはるかに大事だ。できること、やりたいことを持つことで、できないこと、やれなかったことが分かる。自分のレベルが見えてくる。これは先の項で説明した安全面ともリンクしてくる。

自分の国から外に出るという非日常性を今一度考えてみてほしい。まったく違う文化を目の当たりにするということがどういうことか改めて考えてみると、できること・できないこと、やりたいこと・避けたいことが浮き彫りになってくると思う。それをきちんと理解した上で仕事や人生に活かすことができれば、同時に足りないものが見えてくるのではないかと思う。

第三章
国から選ぶ　〝対自分用〟目的ポイント

目的に応じて国を選ぶ

燃費の良い海外の旅行先としてアジアを紹介したが、もちろんアジアと言っても国ごとに国民性や文化、楽しむポイントなども変わってくる。ご飯が美味しい国もあれば、アクティビティに長けた国、歴史遺産など文化的見どころが多い国、親しみを持ちやすい国など、国ごとに備えている長所も多岐に渡る。一方で、個性の強いご飯しかない国（要するに不味い）、ヒマを持て余す国、交渉力を要する国という具合に国ごとに短所も当然変わってくる。

日本に置き換えて考えてみた場合、外国人から「治安が抜群に良い」「なんでも揃っている」「何を食べてもご飯が美味しい」といった長所が挙げられる反面、「物価が高い（費用がかかる）」「英語がほとんど通じない」「シャイで内向的」などの短所も指摘されるように、どの国にも必ず一長一短の要素がある。第三章では、アジアの代表的な旅行先の長所と短所を僕なりに紹介していこうと思う。

国が持つ一長一短を把握することは、目的やインセンティブを考えるときも欠かせない。「友達が行って良かったって言っているので次の休みはタイに行きたい！」。実にシンプルな動機だし、これはこれで素晴らしい。ところが、その国がどんな国民性や特性があるかを知らないで決めてしまうより、調べる努力、知る努力があったほうが、より弾力性のある海外旅行になるに決まっている。シンプルマインドは、ときに思考を停止させてしまう毒薬だ。スケジュール管理ができていれば、旅行先を決めるまでたっぷりと時間が生まれる。その時間を使って、調べることはもちろん、知る努力も怠らないでいただければと思う。

以上を踏まえて、次のページからは国ごとの一長一短、そして〝どんな部分が伸びる要素か〟に主点を置いて主なアジア各国のポイントを紹介しようと思う。自分の性格と国ごとの勝手が違う部分を照らし合わせることで、自身の知られざる〝思わぬ発見〟につながるはずだ。

あらゆるものが日本そっくり。
抜群に居心地の良い微笑みの国

「タイ」

長所

・LCCを含めた格安航空券によるアクセスがしやすい
・国内インフラ（ネット環境含む）が整備されている
・セブンイレブンをはじめ日本のコンビニエンスストアがたくさんある
・親日国であり日本人との親和性が高い
・歓楽街の規模が世界屈指

今や多くの日本人観光客が訪れるタイ。American Expressの子会社が発行する「トラベル＋レジャー誌」では2011年、2012年と2回に渡りワールド・ベスト・シティ

ーの1位にバンコクが選ばれるなど、その人気の高さは日本人だけでなく世界中の人たちからもお墨付きをもらっているほどだ。

たくさんの長所があるなかでも、我々日本人にとって最も恵まれているのはアクセスのしやすさだろう。フライト時間が片道約6時間という近さもさることながら、LCCの普及により低価格で渡航できることも大きな魅力となった。アクセスのよさはタイ国内も同様で、多数の（高速）バス会社やLCC会社がしのぎを削っているため、低価格でさまざまなポイントを巡ることができる。また、バンコクではタクシー料金が異常に安いため積極的にタクシーを使うことをオススメしたい（逆にプーケットなどはタクシー料金が高いため、レンタルバイクを借りることを推奨する）。場所によって効率よく周れる手段が変わるものの、一定水準以上の国内インフラのクオリティを保持しているため、ストレスなく移動ができるのは大きな強み。ネット環境も抜群で、コンビニでSIMカードを購入し、そのままチャージをすれば即インターネットと通話が可能となる。街中のいたるところにWi-Fiが飛んでおり、カフェに入ればほぼ100%でつながるなどなど、正直な話、日本以上に旅行者向けのネット環境は成熟しているといっていい（日本がひどいだけなんだけどな！）。

また、日系企業が数多く進出しているため、セブンイレブンやファミリーマートなどお馴染みのコンビニエンスストアが点在しているのも心強い。日系企業が進出しやすいメリットの1つとして挙げられるのが、タイ人と日本人の親和性の高さだろう。〝微笑みの国〟と言われるだけあって温厚で優しいタイ人は、話が通じていない場合でも何かとニコニコして誤魔化そう（!?）とする日本人の気質とシンクロ性が高い。そのため、勝手が違う海外という状況でも、比較的落ち着いて対処しやすいという利点も挙げられる。ご存じの通り〝親日国〟なので、日本人に対する理解度が非常に高いことも心強い限りだ。

そして、何といっても世界屈指のナイトスポット大国という点。人によっては散財してしまうため〝短所〟となってしまうかもしれないものの、良識を持って遊ぶならタイ以上に完成されている国はないかもしれない。視覚、聴覚、触覚……あらゆる感覚を刺激して手招きする夜の魅力は他国の追随を許さない魅力に溢れている。草食系男子なるもやしっ子は、一度、タイのナイトスポットに行ってみてほしい。そのどうでもいいこだわり（恋愛観）は瞬時にがれきと化すに違いない。

短所

・怒りの感情を極端に嫌う国民性

・時間・お金に対して少しルーズ
・パクチーをはじめタイ料理が苦手な人は食べ物に苦労する
・都市部・観光地以外はほとんど英語が通じない

タイの国民性の1つに、「人前で怒らない」という暗黙のルールがある。タイの人々は、怒られることを極端に嫌うため、もしあなたが不愉快な思いをしても、公衆の面前で怒りをぶつけることは控えるように。怒りを表したところで、相手は「恥をかかされた」と感じ、逆ギレしてくるのが関の山だ。不快に感じることがあっても、相手を諭すように静かに話すことがポイントなので、決して瞬間湯沸かし器のように怒りの感情を直に表さないように。

少々時間とお金にルーズな部分があるのは、〝ご愛嬌〟で済まされるレベルかもしれないが、人によってはイラッとくるかもしれない。パートナーをすごく大事にするのもこの国の特徴と言える。安易に異性とお近づきにならずカップルやご夫婦には慎重に接することをオススメする。裏を返せば、それだけ愛情が豊かなわけでのめり込みすぎると痛い目に遭うことも……。

料理に関しては、長所に挙げても良かったのだが、あえて短所のポイントに挙げさせていただいた。というのも、本場のタイ料理は日本以上に風味がオリジナルかつスパイシーだ。苦手な人はとことん口に合わないだろうし、その辛さにお腹を壊す人もいるだろう。そうなった場合、現地フード、つまり現地価格の料理を食べることが厳しくなり、割高な日本食や洋食に手を出さざるを得ないため、コストが無駄にかかってしまう。

英語に関しては、都市部や観光地以外はほとんど通用しないと考えておいたほうが無難。地方を周遊する場合は、指さし会話帳など最低限の準備はしていったほうがいいだろう。法律がコロコロ変わったり、国王派とタクシン派の対立が定期的に行われる、など治安に響くような案件ではないにしろ不確定要素が多いのもタイの特徴。なるべく現在進行形のタイを調べてから渡航するようにしてほしい。

こんな人におすすめ！

首都バンコクをはじめ、南の島プーケット・クラビ・ピピ島、歴史都市チェンマイ・アユタヤなど、さまざまな表情を持つため、旅のプランもそれだけ多岐に渡ったものが作れる。しかも、各都市へのインフラが整備されているため、ＬＣＣやバスを効率よく利用すれば、少ない滞在時間でもさまざまな体験をすることが可能となる。軽度のぼったくり被害に気を付けるくらいで、治安面も十分安心できるレベルにあるため、自由旅行初心者が〝最初に行くべき国〟としてこれ以上ない環境にある。見慣れないタイ語、まったく違う生活習慣、物価の安さ、人の温かさ……旅で味わうことのできる醍醐味が凝縮されている国なので、まずはタイを橋頭堡《きょうとうほ》として旅に慣れていくことをオススメしたい。自由旅行に興味があるけど行ったことがない……そんな人こそタイである。

多民族、イスラム圏、南国気候……
近場で感じる圧倒的異国感

「マレーシア」

長所

・大手航空会社、LCCが離発着する世界屈指のハブ空港クアラルンプール国際空港1・2があるため豊富に旅のプランを計画できる
・国内インフラ（ネット環境含む）が整備されている
・セブンイレブンをはじめ日本のコンビニエンスストアがたくさんある
・マレー料理、インド料理、中華料理が楽しめる
・アクティビティが豊富（マレー鉄道含む）

右3つはタイとさほど変わらないが、あえて強調するな

らば世界有数のハブ空港「クアラルンプール国際空港1・2」を持つという点だろう。この空港からは、大手航空会社、LCCが多数離発着しているため、予算やスケジュールを考慮した豊富な旅先をチョイスすることができる。前述したようにLCCは他社と切磋琢磨するように頻繁にセールを行っているため、クアラルンプールから驚くような低価格で他国（インドや中東、オーストラリアなども）へ渡航することもできる。旅程に余裕がある場合は、クアラルンプールで1〜2泊滞在をしてから他国（orマレーシア国内）に移動するというプランも面白いだろう。事実、僕はクアラルンプールまで4人で渡航し、2泊ほど食事や滞在を共にした後、単身スリランカへと移動したことがあった。言ってしまえば、クアラルンプールを東京駅八重洲口のような現地集合、現地解散の場として活用することで、見慣れたメンバーと一緒に行動していたとしても、いつもと違った新鮮な感覚を覚えることが可能となる。こういう面白さを体験できるのはクアラルンプールならではかもしれない。Wi-Fiスポットが多く、シティWi-Fi（クアラルンプール全体でフリーWi-Fiがつながる）やフリーWi-Fiのモスクがあるなど、ネット環境が整備されているのも素晴らしい。

食事に関してだが、これはアジア各国の中でもマレーシアは飛び抜けてポイントが高い。

というのも、前述したようにタイをはじめ多くの国でコストのかからないローカルフードを楽しむ場合、必然的にその国の伝統的な料理（味付けを含めた）を楽しまなければならないことになる。タイであればタイ料理、ベトナムであればベトナム料理というようにご当地の料理が口に合わないと、値段の高い他ジャンルの料理に手を出す必要が出てくる。ところが、マレー系、華僑系、インド系が混在するマレーシアは、ご当地料理も先述した3種類をメインとしているため、仮にマレー料理が口に合わなくても、中華料理とインド料理（ともに低価格）が残されているというご当地料理のセーフティーネットが敷かれている具合だ。世界最高と言ってもいい日本の食文化のレベルの高さは、外国人に言わせると味もさることながら、その選択肢の多さに感嘆するという。日本ほどではないにしろ、マレーシアのローカルフードの選択肢の幅広さは、アジア各国のなかでは最強レベルといっていい。もちろん、味も抜群に美味い。

また、東南アジア最高峰のキナバル山（4，095m）、タマン・ヌガラのジャングル地帯、ペナン島・ランカウイ島・レダン島といったリゾート地、ダイビングスポットのボルネオ方面（シパダン島）など、自然豊かなアクティビティスポットが多数あるのもマレーシアならでは。都市と自然の調和が美しく、オランウータンなどの希少生物も多いのも魅力的。マレー鉄道でマレーシアからタイに越境することも一興なので、大都市・クアラルンプール以外をどう旅程に組み込むかが、マレーシアを楽しむポイントだろう。

短所
・馴染みのないイスラム圏独特のルールが多い
・お酒が好きな人にとってはコストがかかる
・マレー半島東岸部と西岸部のアクセスが悪い
・国境付近が一部危険地帯
・物価が高くなりつつある

人口構成は大きく3つの民族に分かれているものの、国教がイスラム教のため何かと法律が厳しいのがネックかもしれない。どの店にもお酒が置いてあるというわけではなく、置いてあったとしてもアルコール飲料に対する酒税が高いため、缶ビールの価格などは日本より高いことも。さらに高級レストランや一流ホテル以外は、基本的にビールしか置いていないため、ビール党ではない人はまったく楽しめないことも付記しておく。アジア各国を周遊する白人系のなかには、「マレーシアはお酒を楽しめないし、ナイトスポットも少ないからつまらない」という理由から滞在をスルーする人も珍しくないほどだ。

また、直線距離にするとさほど遠くないマレー半島西岸部と東岸部だが、真ん中にジャングルをはじめ大自然が横たわっている地理のため、横断に時間がかかってしまう。LCCを利用しない旅のプランを考えたとき、どうしても西岸ルート、東岸ルート、ボルネオルートと1つのエリアを集中して周遊するプランになってしまう傾向にあることも覚えておいてほしい。

タイとの一部国境（タイ深南部・ナラティワート県スンガイコーロク市など）ではテロが発生する紛争が続いているため危険地帯指定されていることも頭の中に入れておくように。東岸部の最北に位置しているため、陸路でタイに抜ける場合は、どうしても西岸ルートになる。その場合、バスかマレー鉄道になるわけだが、西岸部から抜ける場合は（絶対とは言い切れないが）安全なので、過度に心配する必要はないだろう。

最後に、タイとマレーシアは年々物価が高くなっている。5〜10年後はますますその傾向が強くなっているだろうから、やはり訪れておくタイミングとして今を逃す手はない。

こんな人におすすめ！

自由旅行初心者が〝最初に行くべき国〟としてこれ以上ない環境にある国、という点ではタイと双璧をなす国。また、どこに行っても英語がある程度通じる国というのも大きい。マレー系、インド系、華僑系、そして少数民族という多民族国家ゆえ、日本で暮らす我々とはまったく異なる価値観が転がっているため、新鮮な驚きも多い。旅先で出会う「？」が多いため、自分の肥やしとなる経験も多いはずだ。初歩の渡航先とは言え、〝娯楽の何たるか〟を優先したい人はタイへ、〝生活の何たるか〟を知りたい人はマレーシアを選ぶといいかもしれない。また、マレーシア文字がアルファベットゆえ読みやすく綴りも英語に似ている（例：コンピューター→マレー語だとkomputer）ため、旅行がしやすいのも大きなポイント。インドネシア以上に〝多民族が暮らし先進化が進む、身近に行けるイスラム教の国〟であることを考えれば、見識を広めたい人こそ訪れることをオススメする。

国土も資源もない！
知恵だけでのしあがった小さな大国

「シンガポール」

長所

・超近代的（金融国家）
・観光立国
・国際色が豊か
・世界の美味しいものを食べることができる
・短い旅行期間に最適

国民一人当たりのGDPが日本以上に高いという数値が示すように、世界でも指折りの近代的国家であるシンガポール。治安や医療、インフラ、サービスなどすべてにおいてクオリティが高く、圧倒的に旅行をしやすい環境が整っ

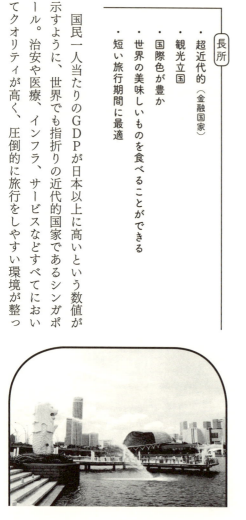

ているのが最大の魅力だ。国際的評価の高いチャンギ国際空港から中心部へは、わずか30分というアクセスの良さが物語るように、食の流通も高水準なので（値は張るものの）日本と同レベルのお寿司を楽しむことができるなど、世界の美味が集まっているという利点もある。

東京23区ほどの国土にも関わらず、カジノやナイトサファリなど都市的なアクティビティが豊富で、ＳＭＡＰが出演したソフトバンクのＣＭで一躍注目を浴びた五つ星ホテル『マリーナベイサンズ』には、実は一人１５０００円ほどで宿泊できるなど、意外とお金をかけずに近代国家を楽しむこともできてしまう（カジノは入るだけなら無料）。狭い国土ゆえ2泊もあれば十分満喫でき、短期間の旅行先としてちょうど良いサイズと言えるだろう。

シンガポールは30％が外国人、70％のシンガポール人（マレー系、華僑系、インド系、アラブ系などルーツが混ざり合っているものの）が暮らすダイバーシティであり、日常的に英語と中国語が飛び交っている国際色が豊かな国なので、国際人としての感覚が磨かれていく点も長所。ホームステイ先としてもっとも安全な国とも言われるだけに、留学や英語・中国語の習得を目指す人にも大きな魅力のある国だろう。

短所

・罰則規則が厳しく多い
・物価が高い
・多民族国家なので国内の民族同士の仲が良くない
・プライドが高い
・高温多湿

人によっては罰則の細かさと多彩さに辟易するかもしれない。ガムの持込禁止にはじまり、ゴミのポイ捨て、地下鉄での飲食はすべて罰金。変わったところでは、自分で自分の世話ができないほど泥酔したら罰金ｏｒ懲役刑、政府を批判したら国外退去、電車内へのドリアンの持ち込み禁止などなど……とにかくうるさい。独特の法律もたくさん存在し、留学生はアルバイト不可、交通量をコントロールするため時間帯ごとに走ることのできる車が決まっている、車を購入するためにまず所有権として約３００万円を支払う（10年有効）など、国土が狭いゆえに限られた中でお金を回す工夫という名の束縛が当たり前になっている。もちろん、物価も高いため（マレーシアの約2・5〜3倍）旅行をするにしても、生活をしていくにしても息が詰まることは覚悟しておかなければならない。

シンガポールは超が付くほどの競争社会でもある。「自分が一番ではないと気がすまない」ことを意味する「キアス」と呼ばれるシンガポール独自の国民性が根を下ろしており、華僑がメインの多民族国家であるにも関わらず、国内の民族間は能力第一主義の下、バチバチに火花を飛ばしあっている背景がある。ややもすれば、無機質、不愛想に映ることもあるので、シンガポールに必要以上の人間的な温かみを期待してはいけないだろう。キアスゆえに見栄を張る部分も多くあり、買い物時に何かと金銭的なことを聞かれたり、街中で「なんでそんなに見栄を張る!?」と驚くこともしばしばある。

また、シンガポールは都市機能が発達しているせいか、とにかく湿度が高い。個人的な感想で言えば、東南アジア各国の中でもずば抜けて不快指数の高い湿度を誇る。このような状況下にも関わらず、地下鉄で水分補給をしようものなら即罰金だったりするので、そういう意味ではストレスの溜まる国であると言える。

こんな人におすすめ！

マレーシアから独立し、その後、金融大国として先進国入りを果たしたシンガポールは、小さな国が生き残るノウハウが凝縮された国と言える。スイスにも言えることだが、資源的弱小国がいかにして自らの地位を築いていったか、そしてその力を保持するために何をし続けているか、ということを学ぶにはこれ以上の国はない。必然的に厳重な法律、キアスという国民性にならざるをえない部分があるため、生きていくための知恵を学びたい人、フリーランスで生きていくことを考えているビジネスパーソンなどは、この国から得るものが大きいのではないかと思う。また逆張りとして、意識が低く、何事にもやる気がいまいち起きないという人にとっても何かと刺激的な国に映ると思われる。

"IT"と"自然"の両極を
備える魔訶不思議国家

「インドネシア」

長所

・日系企業が数多く進出しているので日本人が多い
・女性に優しい
・IT急進国
・アーティスティック
・ご飯、特に果物が美味しい

中国、インド、米国に次ぐ世界第4位の人口2億3千万人を誇る大国・インドネシア。実は東南アジアの全人口の約40％をインドネシアのみで占めるほど人口が多く、首都・ジャカルタは現在2400万人を越える都市人口を持ち、世界第2位という巨大都市にまで発展。その圧

倒的な人口や市場を活かし、今後さらなる経済成長が期待されている国だけに、日系企業の進出も著しい。駐在している日本人が多く、都市部では日本人向けの飲食店も数多くあるため、現地での情報などを仕入れやすいという利点は魅力的だろう。Facebook のユーザー数では２０１１年はアメリカに次ぐ2位をマークし、Twitter ユーザーでも世界4位、さらに携帯・スマートフォンの普及も著しく、ＩＴスタートアップも続々誕生するなどＩＴ急進国であるのもインドネシアの特徴。携帯の部品を専門に売っている駅周辺のナイトマーケットがあるなど、珍しいデジタル製品やジャンク品を入手できるため、ＩＴ系に興味がある人はジャカルタに行くといろいろと発見があるだろう。

また、日系企業が進出している影響で、日本人に対する理解も進み、親日的な性格の人々が多いのも心強い。インドネシア人は女性に優しいという特質を持つため、日本人女性というだけで1つのブランドとして確立している節さえあるほどだ。

バリ島、ロンボク島を筆頭にビーチリゾートやダイビングスポットが豊富なインドネシアだが、世界三大仏教遺跡の1つであるボルブドゥール遺跡、世界最大の花・ラフレシアを楽しめるボゴール植物園など、たくさんの文化と自然に富んでいることも特筆すべき事項だろう。特に、西洋文化を軸とした、ジャワ文化、バリ文化、バタック文化、トラジャ文化といった多くの民族文化が独立、融合している文化面は見どころも多く、土着的な祭りや踊り、音楽は他国の追随を許さないほど多岐に渡っており、アーティスティックという面ではアジア一かもしれない。いたるところで音楽が流れている風土は、本当に素晴らしい。

また、ナシゴレンやミーゴレンなどご飯が美味しいのも魅力的だ。西に行くと辛口、東に行けば甘口という傾向があるため、同じ料理でも味付けが変わるのは、日本で言うところの関西風、関東風のような違いがあって面白い。海に囲まれた国であるため魚料理も多く、何より年中新鮮なフルーツを低価格で食べることができる〝ご飯のバランス面〟もトップレベルの国と言えるだろう。

短所

- ふっかけられることが多い（お金で解決できることが多い）
- 国教がイスラム教のため場所によってはルールが厳しい
- 貧富の差が激しい
- ジャカルタの公共交通が3
- 時間にルーズ

経済成長が著しいとはいえ、まだまだ発展途上国の域を脱しきれていないため、賄賂や汚職が一般社会にはびこっている。「パスポートを見せろ」と職質まがいの行為をしてくる警官はザラで、たまたま宿にパスポートを預けている、置いている、つまりは携帯していない場合は、警官の袖の下にお金を入れなければ解放してくれないことも多々ある。裏を返せば、罰金や罰則に対してもお金で解決できてしまう面が色濃くあるわけだが……お金を支払う際にふっかけられることも多く、何かと金銭面にダーティーなイメージが付きまとう国であることは間違いない。急激に発展する国内事情に生活レベルが追い付いていかないという背景も絡んでおり、貧富の差も当然広がっている。都市の中央部には近代的なビルが立ち並んでいる反面、少し離れると雑多な市場が広がっており、そのギャップには驚かされる。都市部における夜の外出をする際は、行かないほうが良いエリアなどを事前にキャッチしておかなければならない。

巨大都市ジャカルタはまだまだインフラが整備されているとはいいがたく、公共交通はデンス（混雑）、ダーティー（汚い）、デンジャー（危険）の3Dと言われる世界が広がっている。ラッシュ時の鉄道やバスはとても乗れたものではなく、仮に乗れてもスリに遭う可能性もあるためオススメできない。
また、インドネシアもイスラム教を国教としているため（と言っても中東のような厳格さはあまりない）、左手での物の受け渡しや握手、大胆な肌の露出などは基本的に控えるように。バリ・ヒンドゥー教が多くを占めるバリ島では多少なりとも寛大な姿勢があるものの、他の島々では気を遣う必要がある。
インドネシア人は、自分たちのことを時間にルーズだと自覚しており、その感覚を「ジャム・カレット（ゴム時間）」と呼んでいるほど。時間はゴムのように伸縮自在であると割り切っているので、その精神性が理解できない人はストレスを感じることも付記しておく。

こんな人におすすめ！

短期訪問ビザが無料になったこともあり、アクセスしやすくなったインドネシア。大都市・ジャカルタと地方部のギャップをいかに楽しむかに尽きるだろう。ジャワ島、バリ島、スマトラ島など島ごとに気質や文化も変わるので、ジャカルタだけでなく他の町も積極的に旅のプランに組み込みたい。バスや鉄道で長距離を移動することはあまり賢い選択とは言えないので、ＬＣＣを上手に利用する計画性が求められる。親日的な人が多く世話好きな現地民が多い反面、経済成長の反動による汚職など理不尽な目に遭うことも少なくない。英語がほとんど通じないため、緊張感のある対話（ボディランゲージ含む）を迫られることもあるかもしれない。清濁が合わさった成長著しいインドネシアは、身の危険はほとんど感じないなかで、自分の対人スキルを磨くには適度な〝熱さ〟を持つ場所かもしれない。また、音楽面や文化面などアーティスティックな傾向が強いので、そういったことに興味がある人にもぜひともオススメしたい。

オシャレなのに、とにかくコストがかからない！　激安天国

「ベトナム」

長所

・お酒が安く、ご飯が美味しい（パンも美味しい）
・オシャレなショップやカフェが多い
・宿代が安い
・ベトナム語はアルファベットに似ているため読むことができる
・女性が強い

現在、アジアで1、2を争う人気渡航先となっているベトナム。かつてはフランスに植民地支配されていた過去を持つため、文化に当時の影響が色濃く反映されており、オ

シャレな建物やカフェが驚くほど多いのが特徴だ。特に、南部の中心都市・ホーチミンはその影響が強く、日本でも若い女性に人気のある訪問先として話題を呼んでいるほど。フォーをはじめ、ベトナム料理に〝外れ〟は少ないが、なかでもパンのクオリティが異様に高いことはあまり知られていない。アジア圏でベトナムほど安価でレベルの高いパンを楽しめる国はなく、甘いベトナムコーヒーと一緒に口に含めば、アジアの街角にあって西洋を満喫しているかのようなトリップ感を味わうことができる。

また、「世界で一番ビールの安い国」とも言われ、生ビールに関してはグラス一杯約20〜50円で飲むことができるため、ビール党にとってはもっとも天国に近い国と言える。物価も安く、特に宿代は恐ろしく安価で、オフシーズンとは言え三ツ星ホテル（ビュッフェ付き）に一人1000円ほどで宿泊することもできるため、何かとお財布に優しい国である（※ただしホーチミンのみ若干高くなる）。

ベトナム文字はアルファベットに似ているため、声に出して読むことができるのも大きな強みだ。東アジア・東南アジア各国で、予備知識がないにも関わらず現地文字が読める（把握できる）のは、同じく漢字を使う中国と、ベトナムやマレーシアくらい。ベトナム然り、英語が通じない国が多いなかで意味は分からないにしても、人の名前や商品の名前、地名を口に出せるのは意思の疎通がしやすいという利点となる。
ベトナムは、長年戦禍に巻き込まれた歴史があることで、男手が前線に送り込まれ、女性は銃後の守りを支えたという背景がある。「ベトナム女性は強く男性はこぞって恐妻家」と言われるほど〝かかあ天下〟の国であり、男性の浮気が発覚した際には怒髪天となった女性が男性のアソコを切り落とすなどの事件も珍しくない。フランス時代の血統が混ざっているため、ベトナムは世界有数の美人の国とも言われるが、同時に内に秘めた嫉妬心も尋常ではないので心に留めておくように。とは言え、美人、カワイイ女性の多いベトナムは目の保養地として男性にとってはこれまた天国に映るはずだろう。

短所

・ふっかけられることが多い
・他人に頼りがち
・中心都市であるハノイとホーチミンが遠すぎる
・交通マナーが悪い
・（通貨単位ドンの桁が多いため）通貨が見分けにくい

ベトナム人の国民性として、「人に頼りやすい」ということが挙げられる。また、〝飽き〟への耐性も高くなく、宴会が大好きだったりもする。賑やかな国民性だが、マイペースであり、人の評判をやたらと気にしたりするので、上手に付き合うコツが求められるだろう。

また、目先のことにとらわれがちなことも短所に挙げておく。戦禍が長引いたからか、明日よりも今日、中期的、大局的な儲けよりも、今の儲けを重視する傾向になりがちだ。そのため、金銭交渉は非常にシビアで、東南アジア各国のなかでも1、2を争うお金に執着する国と言える。それゆえ交渉面はきっちり行う必要がある。また、宿泊時にパスポートを預けないといけないため戸惑う人も多いかもしれない。

北部の中心都市・ハノイは政治都市となるため、周辺のベトナム人は几帳面、生真面目な人が多いが、南部の中心都市・ホーチミンは商業都市ゆえに周辺のベトナム人は陽気でおおらかな人柄が多く、悪く言えばテキトーだったりする。南北で気質が違うことを忘れないように。ちなみに、ハノイからホーチミンは1800㎞離れており、日本で言うと青森から鹿児島の距離にあたる。そのためバス移動は身体的にも時間的にも負荷がかかり過ぎるため飛行機移動が現実的となる。ちょうど中間に位置する昨今発展を遂げる注目都市・ダナンやフエですらバス移動では長時間かかるので、やはり中部に行くにもフエまでLCCを利用することをオススメする。ベトナム国内の主な都市は、きれいに北、真ん中、南に分かれているので、移動に時間を要してしまうのはデメリットだろう。

また、ベトナムは交通量が多い割に、信号は守らない、追い越しは当たり前と交通マナーがよくない。車やバイク優先なので、日本と同じ感覚で道路を歩いていると痛い目に遭うので注意するように。

細かいところで言えば、ベトナムの通貨であるドンへの両替がややこしいという短所も挙げておきたい。10000円をベトナムドンに換算すると、約1774000ドンという大枚に早変わりしてしまう。一瞬、自分が大金持ちになったのかと錯覚してしまうが、漫画『カイジ』に登場する帝愛グループの通貨「ペリカ」みたいなもので、何ら裕福にはなっていない。一体、今自分がどれくらいのお金を持っていて、どれくらい使ったのかが分かりづらいため（おまけにかさばる！）、非常に困惑する通貨であることも付け加えておく。

こんな人におすすめ！

タイやマレーシアで味をしめた人が、次に向かうべき自由旅行のポイントとしてちょうど良いのがベトナムだろう。タイやマレーシアを自由旅行難易度2〜3とした場合、ベトナムは4〜5相当のレベル。ご飯が美味しく滞在費が安いという反面、社会主義国（外資の店が少ない）、移動や訪問都市の取捨選択、スケジューリング、一癖二癖ある国民性との距離の取り方、対話力などに〝次のステップ〟が求められ、なにかと頭を使う機会も増える。また、ハノイを訪れた際は、中国・雲南省までの国境が遠くないので、時間があるなら多数の異民族で構成される雲南省を覗いてみてほしい。ちなみに、一部北部では犬、猫、虫を食べるため幻滅してしまう人もいるかもしれないので、〝明るい〟ベトナムだけを楽しみたいなら南部・ホーチミンのみを中心に旅の構成を考えてみるといい。自信をつけ、さらに自分のレベルを知りたい、そんな人にこそベトナムはうってつけだ。

アンコールを組み込んで
壮大な冒険気分を

「カンボジア」

長所
・アンコール遺跡群
・親切な人が多い
・ビザの更新がお金次第
・USドルを使える場所が多い
・宿代が安い

何といっても世界屈指の世界遺産『アンコール遺跡群』を有するという点に尽きるだろう。アンコールの美しさは他のガイドブックに譲るとして、実はカンボジアの魅力はそれだけではない。舗装されていない道路は人によっては短所かもしれないが、タイから越境すると景色が一

変し、車やバイクが当たり前のモータリゼーションの世界から、水牛や自転車をマンパワーで動かす世界がまだまだ残っている原風景は、地平線に落ちていく真っ赤な太陽と相まって、妙にノスタルジックな世界を演出してくれる。また、フランス様式の建物が多いプノンペンや隠れリゾート地区・シアヌークビル、宮崎駿監督のアニメ『天空の城ラピュタ』のモデルとなったと噂されるベンメリア遺跡など、決してシェムリアップ（アンコール遺跡群までの拠点となる町）だけの国ではない。仏教国特有の温和で親切心のある国民性も素晴らしく、サービス心（人懐っこい）が旺盛というのもカンボジアの魅力の1つだ。短期旅行者には関係ない話だが、ビザが取りやすいというのも利点で、お金次第では何年でも滞在可能となり、USドルを使える場所が多いのも意外に助かる事項である。日系銀行の金利が良いため、その利ざやで長期滞在を楽しむリタイヤ組も少なくない。

また宿泊代がホテルの優劣関わらず安いという点も挙げておく。チップ目的であろうがなかろうが、サービス精神がとても高く、「そこまでしなくても大丈夫だよ」と思わず言いたくなるスタッフが他の国よりも多い。

もう1つどうでもいい情報として、カンボジアはロケットランチャー、手榴弾、M60機関銃、AK47（アサルトライフル）などの射撃体験が行える世界でも珍しいスポットということも付記しておく。ハンドガンの射撃というのは珍しくないが、カンボジア陸軍協力のもと、過激な銃器を試し撃ちできるので、〝武器の恐ろしさ〟を身をもって知りたい人は興味深い国に映るだろう。

短所

・治安・衛生面がよろしくない
・暗い歴史的背景を持つため観光名所も残酷な場所が多い
・賄賂が蔓延している
・食事が限られてくる
・蚊が多い

ポルポト時代の暗い影が今でも残っているため、トラブルが起これば銃が出てくる事も少なくない。そのため治安に関しては、東アジア・東南アジアで最もよろしくない部類に入ると言わざるを得ない。トラブルに遭遇しても過度に相手を刺激するようなことは決してしないように。

歴史的背景ゆえキリングフィールド、地雷博物館など、どうしても暗い観光名所が多くなりがちなのも、他国に比べるとマイナスポイントかもしれない。また、ポルポト時代に頭脳と呼ばれるような政治家や有識者を排斥してしまったため、社会面で遅れを取っていることも否めない。インフラや衛生面もあまり良いとは言えず、賄賂も横行するなど、アンコール遺跡群の観光客だけで国が成立しているのではないかと不安になってくるほどだ。

またカンボジア料理は非常に独特で、味付けのほとんどに飛び道具である〝味の素〟を利用するなど（そのため日本人と知るや「味の素！」と愛想よく声を掛けてくることも）、決して不味くはないものの、他国より食への関心度がどうしても薄いように感じてしまう。町中に行くと昆虫料理が普通に売られているなど、いかにも異国に来た感はあるが、苦手な人からすれば悶絶必至の光景が広がっているので覚悟してほしい。

虫ついでにもう1つ付け加えるなら、メコン川に隣接する首都・プノンペンはとかく蚊が多い。現在は改善されていることを祈るが、世界広しとは言えあんなにも大量の蚊が発生している空港（プノンペン国際空港）は後にも先にもカンボジアだけだった……虫除けを必携するように。夏場の暑さ（3〜5月）は過酷なので、この時期に訪れる人は夏バテ対策もきちんと準備して渡航することをオススメする。

こんな人におすすめ！

アンコール遺跡群のみを楽しむ人こそ多いだろうが、カンボジアだけをぐるっと周るという人は少ないだろう。現実問題として、短期間でいかにアンコールを組み込むかという点が大きなポイントとなるが、もっともベタなコースはバンコクから越境してシェムリアップを目指すというルートだろう。ポピュラーなコースゆえバンコクの旅行代理店には、たくさんのアンコール行きのツアーが用意されているため、安全面は心配無用だ。バンに乗り、越境をして、バスに乗り換え、アンコールを目指す……大それた行程ではないもののちょっとした大冒険をしているかのような気分を味わえるのは、自分のスキルや体験として大きな自信につながるはずだ。時間のないビジネスパーソンでも、バンコク↓シェムリアップに飛行機で飛んで、バスでプノンペン、プノンペン↓バンコクに飛行機で飛べば、壮大な周遊旅行を自分で手掛けた気分になること必至。人柄はいいのだが、インフラや衛生面に苦労することも少なくないので、無駄にたくましくなる要素に溢れている、それはある意味ではカンボジアの魅力かもしれない。

何もない原始の風景から
何を見出すか？

「ラオス」

長所
・雄大な原風景
・人が良い
・フランス料理を食べることもできる
・シーパンドン、ルアンパバーン、バンビエン
・後進国だが貧しさを感じない

これといって何かあるわけではないが、何もないからこそ人を惹きつける国・ラオス。圧倒的な原風景を有するこの国は、とにかくアジア各国のなかで最ものんびり過ごすことのできる国として人気を博している。同じく原風景が

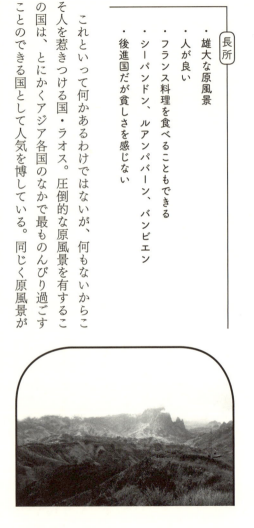

魅力と言われ、国王夫妻の人柄の素晴らしさもあり一時期話題を集めたブータンだが、こちらの国は個人自由旅行をするとなると、環境保護、財源確保の名の下に1日約200ドルの観光税を無条件で支払わなければならないため、瞬く間にお金が消えていくというデメリットがある。同じような原風景の広がるラオスではあるが、観光税は必要なく、欧米の旅行者から絶大な支持を集める人気スポットとなっている。

正直言って首都・ビエンチャンにこれといって見るべきものはないが、その代わりシーパンドン、ルアンパバーン、バンビエンといったラオスの自然を満喫できる町々は一見、いや一体験の価値アリだ。

カンボジアとの国境からほど近いシーパンドンは、川幅が最大約14キロも広がっており、大小さまざまな島が点在する美しさとダイナミックさを併せ持った町。宿から中州にある美しい島々を眺めるのは格別で、夕景ともなるとまさしく時間を忘れていつまでも風景に見入ってしまう。ラーンサーン王朝の古都であり、1975年の共産主義革命で王制が廃止されるまでラオス王国の首都でもあったルアンパバーンは、伝統的なラオスの風土と近代のフランス統治下の影響により建造されたコロニアル建築が美しく混在する町として世界遺産登録されている町だ。ソン川を挟んで奇岩と急峻な山々が屏風のように屹立するバンビエンは、かつてベトナム戦争時に軍人の遊び場として栄えた過去を持つため、ヒッピー的な雰囲気が漂う独特の匂いを放出する町である。さまざまな自然の表情があり、人々ものどかで優しく、国そのものが自然に囲まれているせいか、単なる農村地帯であってもそこに誇りを感じるような生活の営みがある。それゆえ、寂しい、さびれたという印象をほとんど受けることはなく、むしろ〝生きる力強さ〟を感じさせてくれるほどだ。

また、フランスの植民地だった過去を持つため、カジュアルにフランス料理を楽しむことができるのもラオスの魅力。このような点からも田舎臭さを感じるようなことはなく、人が自然と共存するという1つの理想形を体現している国といえるだろう。

短所

・アクティビティが少ない
・インフラが悪い
・医療サービスが未発達
・意外に物価が高い
・ネット環境が悪い

のんびりすることを最大の目的とする国。裏を返せば、やることが本当にない国でもある。そもそも社会主義のため娯楽やアクティビティも少なく、ひたすら時間を忘れてゆったりするだけなので、娯楽を求めている人にはまったくオススメできない国だ。

何もない国だからこそ、インフラや医療面などに関してはまだまだ未発達という点もご理解願いたい。インターネットはあるにはあるが、通信速度は遅く、他国に比べるとストレスがたまることも指摘しておく。我々が日常で当たり前になっている移動手段やスーパー（コンビニ）など、「普通」のものが限りなくないので、非日常（あえてそう言おう）を楽しむ耐性がない人には、とことん苦痛の国に映るかもしれない。

にも関わらず、意外に物価は高い。ややもすれば地方のタイの町よりも高いと感じることもあるだけに、のどかな農村部だからといって激安で滞在できるわけではないことを覚えておいてほしい。

こんな人におすすめ！

何もないをどう楽しむか？ プリミティブな光景から何を感じ取るか？ 他のアジア各国とは一線を画す国であることは間違いないだけに、ラオスからビジネスに役立つスキルを得る機会はあまりないかもしれない。だが、時間を贅沢に使う、自分を見つめ直すなど、気持ちをニュートラルにするならラオスほど最適な国はないだろう。仕事以上に人生で大切なものを発見したい人は、一度ラオスに行ってみるといい。

沸き起こるバブルの熱を体験せよ

「ミャンマー」

長所

・超親日国
・年長者を敬うなど高い国民性を持つ
・観光スポットがほどよく点在している
・治安が良い
・英語が通じやすい

台湾・タイ以上に親日ではないかと思わせるほど、とにかく日本・日本人への関心や尊敬度が高い。かつて日本はインドを統治するイギリス軍と干戈を交えるため、ビルマ（当時のミャンマー）と共闘していた過去を持つ。当時、ビ

ルマを指揮していたのは、建国の父と呼ばれたアウンサン将軍（スーチーさんの父）である。彼は一時期、日本名である面田紋二と名乗るなど日本軍と蜜月の関係を持っていたが、イギリス軍を撃退した後、独立の約束に対して歯切れの悪い回答を繰り返す日本軍に反旗を翻し抗日の路線を敷いていく。ついにはインパール作戦で大敗した日本軍に対して愛想を尽かし、最終的にはイギリス側につく選択をしてしまうわけで（結果的にイギリスも独立の約束を反故にしてしまうため、その選択も踏んだり蹴ったりの状況になるわけだが）、日本とミャンマーは因縁浅からぬ関係を持っているのだ。それにも関わらず、ミャンマーの人々が超がつくほどの親日国家なのは、戦争責任として日本がミャンマーへの支援を続けてきたという背景があるからだ。例えば、ヤンゴンを中心にミャンマーの至る場所には日本でお役御免となったバスの車両や車が再利用されている。金銭だけでなく物資での支援も行ってきたことで、ミャンマーの若者たちは「日本の製品のおかげで自国が豊かになった」と冗談抜きで思ってくれているのだ。これは、戦争時代に約束を反故にしたという後ろめたい過去があるにも関わらず、ミャンマー政府が学校教育において反日的な指導を行っていないことが大きい。だからこそ、ミャンマーの人々（特に若い世代）は日本に対する尊敬の念を抱き続けている。近代史を通じていろいろなことを考えさせてくれるだけでも、ミャンマーという国を訪れる価値はあると断言できる。

上座部仏教を厚く信仰しているせいか、高齢者や女性に配慮があり、国民の民度がとても高いため、治安も良い。また、イギリスに統治されていた過去を持つため、英語が比較的通じるという点も見逃せない。ヤンゴン、マンダレー（インレー湖）、バガン遺跡群、ゴールデンロック（チャイティーヨー）とほどよく見所が各地に散らばっているため、観光地点を巡りやすい（ゴールデンロックのみ行きづらいかも）のも魅力。軍事政権に代わって文民政府が成立したことで、今後ますます発展するだろうミャンマー。その〝今〟を見届けておくことは、社会人として間違いなく得るものがあるはずだ。

短所

- 物価が高い
- インフラが悪い（停電が起こりやすい）
- オイリーな料理が多い
- 医療サービスが遅れている
- ネット環境がひどい

急速に民主化することで、中国や欧米の資本がなだれ込み、現在のミャンマー、特にヤンゴンは超バブル状態にある。そのため物価が異様に高くなっているのは痛いところだ。食費はもちろん、ホテル代も軍事政権時代に比べ、約3倍に高騰しているといい（ところがサービスやファシリティは同じ）、普通に生活していると1日の生活費が日本よりも高くなるのではないかと卒倒しそうになる。それを回避するには、地元民が通う屋台（カラフルなパラソルが目印）を上手に利用しなければならない。

ところが、ミャンマー料理は総じてオイリーなものが多いため、胃もたれ気味になるという難点が。ミャンマーはインフラ状況がまだまだ未熟なため、地方では当たり前のように停電が発生する（電気が満足に使えないため医療面でも遅れを取っている）。民主化が進む前には電化製品も満足になかったため、電気不足＋製品不足を解消する知恵として、食品はなるべく油でコーティングして保存するという食文化になってしまったのだ。今後改善される余地があるとはいえ、食堂などに行くと油っぽい料理が多いことを覚えておいてほしい。ミャンマーは生ビール（中ジョッキ）が60円ほどで楽しめるありがたい国ではあるが、つまみが脂っこすぎるのはなんとも……。

道路に関しても、高速道路がヤンゴン―マンダレー間しかないため、それ以外の町を訪れるとなると悪路を利用することになる。速度も出せないため、無駄に時間がかかる国内移動は相当に疲労するので体力に自信のない人は苦労するに違いない。急ピッチでネット環境も整備しているとは言え、お世辞でも良いとは言えない。地方部は言わずもがな、ヤンゴン、マンダレー、ネピドー（首都）といった中心部でさえ通信速度や安定性はかなり危うい。Ｗｉ－Ｆｉ環境のあるようなカフェは先述したように激高なので、過度にスマホに頼る旅にはしないように。

こんな人におすすめ！

おそらくアジアのみならず、世界規模で今最も〝熱い〟視線を浴びている国の１つ。その熱さが過熱気味なのかどうかも含めて、自分の肌で体験することは貴重な体験となる。タクシーの運転手や食堂のお客に話を聞くと「俺たちの国は良くなる！」と目を輝かせながら語る姿は少し羨ましいくらい。バブル状態にあるため、金銭とサービスのズレなども生々しく体感できるため、過熱する経済状況の危うさもチラホラ。外国人価格が横行しているものの、市場などで日本人であることがわかると、急激にコストダウンしてくれるなど、何かと日本人ということを意識させられる不思議な国でもある。日本人が尊敬されているということを身にしみる機会が多々あるだろうから、心のどこかで「失望させたくない」という気持ちが芽生えてくるのも、あまり他国からは得られない体験だ。しっかりと人の目を見て話す、そういう対人スキルや思慮深さなどに対しても影響を与えてくれる国ではないかと思う。人をだますなんてことは想像に難しいミャンマー人の民度の高さだが、資金が流入し格差が広がれば、拝金主義に走る人も出てくるかもしれない（そうならないことを祈る）。バブル期という国の変移を見ることは、変わりゆく人やモノを見る、そして測る、そういった視点を向上させてくれる点でも訪れておいて損はない。

観光立国として急速に発展するインド洋の真珠

「スリランカ」

長所

・モダンかつ紳士的
・北と南で雨季・乾季が異なる
・鉄道が素晴らしい
・女性向けアクティビティが豊富
・料理や宿のクオリティが高い

内戦が終結する2009年までほとんど観光客が訪れることのなかったスリランカ。もともと文化三角地帯と呼ばれる遺跡群や狂った王が作った天空の宮殿『シーギリヤロック』、アーユルヴェーダの本場、紅茶の一大産地などなど

見所や良ポイントが多かったため、今現在、観光立国へと劇的な成長を遂げているのも不思議な話ではない。海外旅行情報の調査を行っているエイビーロードによると、パッケージツアーの問い合わせ数増加の割合において、スリランカは国別でダントツといい、大手海外旅行検索サイト『スカイスキャナー』の「2015年に注目される人気上昇中の10カ国」においても2位にランクインされるなど、とにかく訪れるべき国として注目が集まっている。そのため、東アジア・東南アジアに属さないとはいえ、ここで紹介することにする。

まずアクセス面だが、スリランカまでの直通便もあるものの少々値段が張る。個人的にオススメしたいのは、クアラルンプールを経由しLCCを利用する方法。時間は多少かかるが、コストを大幅に下げて渡航することができるため、浮いたお金でスリランカの魅力を思う存分味わい尽くしてほしい。

スリランカという国はお隣のインドとは違い（と言ってもスリランカ北部はタミル語圏なので南インドに通じるものがあるが）、驚くほどにモダンで紳士的な国である。その民度の高さは5章で後述しているため割愛するが、料理や宿のホスピタリティも非常にモダン。例えば、カレーを頼むと4品ほど無料の突き出しが小皿に盛られてサーブされるのだが、その小皿すべてにスプーンが添えられているなど、何かと先進的な雰囲気が漂う。また、ほとんどの町においてスリランカに暮らす人々と訪問者が理解できるようにと、シンハラ文字（スリランカ文字）、タミル文字（南インド文字）、英語で説明や表記がされているなど、かゆいところまで手が届く配慮が徹底されている。イギリスの統治下にあったことから、紅茶の一大プランテーションの地としても栄え、スパイシーなスリランカ料理だけでなくパンも楽しむこともできる。英語が通じ、アーユルヴェーダをはじめ、モダンな町並みやお店（宿含む）も多く、昨今はビーチリゾートも誕生しており間違いなく女性も楽しめる旅行先の1つと言える。

また、スリランカは2つのモンスーンの影響を受けるため、コロンボ、キャンディなどを含む南・西部とジャフナ、アルガム・ベイなどを含む北・東部で気候が異なるという利点がある。南・西部は4〜6月、10〜11月が雨季で、12〜3月が乾季。北・東部は10〜3月が雨季で、5〜9月が乾季となるため、10月11月以外は、どちらかのエリアに行けば確実に雨季を回避することができる。国土が北海道の約8割の大きさなので、バスを利用すれば難なく反対側に移動することが可能となるのも◎。大国ではないものの、旅行をする地としてはすさまじく大きな魅力に富んだ国と断言できる。

短所

・物価が若干高い
・閉店時間が早い
・バスを上手に利用しないと大変
・都市部の安宿は空室が少ない
・蚊が多い

正直、これといった短所が見当たらない……からこそ、旅行先として大注目を浴びているわけだが、しいて挙げるとすれば若干物価が高いことと、都市部を除くとお店の閉店時間が無駄に早いという点だろうか。中心都市の1つであるキャンディですら、21時前には町が寝静まっているかのような光景が広がり、地方の町ともなると20時には真っ暗になる。

また、訪問する観光客の増加に宿の数が追いついていないのか、どの町も人気の宿は常に満室状況になりがちなので、宿探しに一苦労するかもしれない。そもそもの話だが宿が少ないため、明確な情報を手に入れられないまま、新しくできた宿に泊まるなんてことも起こりうる（実際に僕は、世界でも屈指の石窟寺院のある町・ダンブッラでその状況になった）。スリランカでは、なるべく事前に宿をブッキングして旅行をしたほうが賢明だろう。

スリランカには、1：コロンボと各中心都市を結んだバス、2：中心都市と中心都市を行き来するバス、3：ローカルバス、この3つのバスが常時走っているのだが、これらをきちんと把握しないと大幅に時間をロスするだけでなく、とてつもなく混雑したバス旅をおくることになるので注意してほしい。2と3は向かう目的地が一緒でも、2が急行・特急、3が鈍行みたいなものなので、乗る前に所要時間を聞くなどして確認を怠らないようにしたい。3のローカルバスは、どの路線も乗車率150％は当たり前なので、乗ることはあまりオススメできない。蚊を筆頭に虫が多いことも付け加えておく。宿のベッドが蚊帳付きかどうかは死活問題なので、必ず蚊帳がある宿を選ぶように。

こんな人におすすめ！

スリランカに触れるのだからインドも紹介していいのではないか？　そう思う人もいるかもしれないが、インドはまったくの異世界なので第3章で紹介することは避けることにした。不思議なことにスリランカにはお隣のインドのような過酷さはなく、人柄も紳士的で国の風土も素晴らしいため、スリランカが気に入った人は、次に（インドの中でも観光のしやすい）南インドを目指すと面白いだろう。その上で、超ハードな北インドまで延伸すれば、上手く自分のレベルに応じてステップを踏んだ旅行の点から線への作り方になるはずだ。

大きくない国土だからこそ、いかにして上手に周遊するかを考える必要が出てくる。突発的に「ここに行ってみたい！」と思うことができたとしても、鉄道とバスを上手に組み合わせればフレキシブルに予定を変更することもできるだろう。魅力がたくさんある国なだけに、イレギュラーな予定変更（嬉しい誤算）が生じることも多いはず。臨機応変なスケジュール変更やプラン変更をするうえでも、非常に予定を組み替えやすく安心感のあるスリランカは、訪問予定地を前日の気分で変える〝アドリブ力〟を試す旅行先として適していると言える。ただし、夜の帳が落ちるのが早いため、どの町にも夕方までには到着することを心がけてほしい。そして、できることなら事前に宿泊施設のブッキングは済ましておくように。楽しみながらスケジュール管理（効率性）や予定変更ができる国だと思うので、アレンジ能力やフレキシブルさを求める人にとっても最適の国かもしれない。

中国（&台湾、韓国を含む東アジア）について

東アジアについてだが、台湾や韓国については今さらあれこれ言う必要もないだろう。どちらも日本語が通じるほど馴染みの深い国であるため、旅先で実利を手に入れることよりも純粋な観光やリフレッシュとして訪れるべき訪問地だろう。

ただし中国だけは、やはり別格の存在感を放っていると言わざるを得ない。反日感情が高いと言われる中国だが、ビジネス反日の旗を掲げる人も多く、一貫して反日の姿勢を崩さないのは首都機能のある北京くらい。中国は性格やマナーが異なる北京人、上海人、広東人というように大きく分けると3つの性質があり、さらに細かく見ていくと、気性の激しい湖南人、スマートな感覚を持つ浙江人、お金にシビアな温州人、大人しい安徽人、宗教への信仰が厚い山西人など、エリアによって考え方や気質がまったく別物となる。広東人が上海人を嫌うように多彩な感情が混ざり合っているため、一括りに中国のイメージを決め付けるのはもったいないことでもある。中国には中国のお家事情もあるわけで、そういう部分を知るには実際に自分の眼で見てくることが望ましい。中国は英語での対話は難しいが、その代わりに漢字を介した意思の疎通ができるというメリットがある。

昨今、日本を含めた東アジアの関係性は非常にシビアなものになりつつあるが、旅行に

出かけるときは過度にそのようなことを意識する必要はないと思う。ネガティブなスタートラインに立っている以上、どうしたって些細なことでも「悪いこと」として認識してしまうわけで、前情報は前情報と割り切って、フラットな立ち位置で見聞を広めていただければと思う。東アジアが過渡期を迎えているからこそ、冷静な眼を持つことが問われる。言うなれば、東アジアを旅行することは、日本の立ち位置や日本のあり方を思考する力が身につく側面を持つことも忘れないように。

第四章

短期海外を有意義にするためのテクニック

「これを忘れるな」持参するべきグッズ群

海外旅行に行く際に必携ではないにしろ、持って行くことで〝より有意義〟な旅路に、もしくは〝保険〟となりうるようなアイテムがいくつかある。1章で触れたように、僕の場合は交渉を自分のペースに持って行く際に、100円ショップで販売されているものをいくつか購入していくようにしている。日本特有のいかにも〝和〟的な道具である扇子や手ぬぐい、寿司マグネットをはじめ、冷えピタや日本のお菓子など実用的なもの、そして腕時計や手裏剣といった〝明らかに100円に見えないもの〟などは、発展途上国ではキラーコンテンツとなるため、荷物にならない程度に持参することをオススメする。

また、体調面を考えると整腸剤もあるにこしたことがない。海外では生水（氷含む）に気を付けなければならないが、実は「油」にも注意を払わなければならない。海外の飲食店では油の使いまわしは別段珍しいことではなく、高級〜中級店ならまだしも、ローカルな雰囲気を楽しめるような地元密着型のレストラン&食堂ともなると、油の質は限りなく悪い。当然、使い古した油を利用しているため、お腹の調子が悪くなることが往々にして起こるのだが、そんなときに整腸剤を服用しておくだけでだいぶ状況は様変わりする。あくまで個人的感想によるため鵜呑みにしてもらっては困るのだが、食欲不振や胃もたれ、二日酔い、はき気などに効果があると言われる『陀羅尼助』は、すこぶる効能を発揮し、僕の旅路において幾度となく快適な1日を演出してくれた欠かせない存在だ。自分に合ったもので構わないが、是非とも一種類くらいは整腸剤を用意しておいてほしい。

現在アジアでは、セブンイレブンやファミリーマートなどの日本でもおなじみのコンビニエンスストアを見かけることは珍しくなくなった。ストアで売られている商品のクオリティも高いので、現地で「あれが手に入らない」と頭を抱える機会も減ったはずだ。とは言え、ときにコンビニに売られている商品のなかに、見た目は日本で売られているものとさほど変わらなくても、中身はとてつもなく日本と質を異にする〝毒キノコ〟的商品がある。その最たる例がお茶だ。

日本以外のアジア各国で販売されているお茶は、どういうわけか何故か砂糖が入っているため、とにかく甘い。とても飲めるような代物ではないため、100円ショップで売られている粉末状のお茶（抹茶）を購入しておくと何かと助かる。日本人にとっての「まともな緑茶」を飲める場はほとんどないため、粉末と言えども溶かして口にすれば日本の味を思い出すことができ、気分を落ち着かせるにはもってこいだ。また、同じ粉末系としてスポーツドリンクの粉末版もいくつか持って行った方がいいだろう。現地には、ポカリスエットやアクエリアスといった水分補給&栄養補給を同時にできる飲み物が少ないため、疲れたときにミネラルウォーターに溶かして口にすれば心強い飲み物となる。夏期の東南アジア各国ともなれば日中の日差しはとても強烈なので、スポーツドリンクの粉末は予想以上に役に立つ。

金銭面についてだが、今の時代にトラベラーズチェックを持って行く人はほとんどいないはず。また、高度経済成長よろしく日本がイケイケの時代ではなくなったのでJCBのクレジットカードを使える加盟店も減少してしまった。クレジットカードを持参するなら、必ずVISAかマスターカードのものを1つは持っていくように。また、クレジットカードを作る際は、海外に行くと自動的に海外旅行保険が有効になる自動付帯保険が付いているものを作るように。現地でカードを利用しなければ有効にならない利用付帯のクレジットカードは面倒なだけなので、自動付帯のクレジットカードを必ず携帯するように。

もう1つ、PLUSと書いてあるATMではVISAが、Cirrusと書いてあるATMではマスターカードのキャッシングが可能となることにも触れておく。クレジットカードのキャッシング枠というのは人それぞれなので、一概に便利であるとは言えないが、海外のATMで引き落とすことのできる銀行のキャッシュカードは最低1つは持参したほうがいい。例えば、新生銀行のキャッシュカードはPLUS対応なので非常に万能性が高い。しかも、新生銀行のカードはセブン銀行で利用ができるため（日本の場合は24時間手数料無料）、タイやマレーシアなどセブンイレブンが点在している国においてはすこぶる使える。夜中に人通りの少ないATMではなく、セブンイレブン店内のATMで引き落とせるのは安全面においてもありがたい。

基本として海外に出かけるときは、どんなに治安が良かろうとリスクヘッジの心得は忘れてはいけない。日本とは勝手が違うことが当たり前なので、最悪のケースを頭のどこかで想定しておくことが望ましい。お金の管理にしても、現金、クレジットカード（キャッシング枠）、海外で引き落とし可能なキャッシュカードという三位一体、三権分立よろしく三方向から管理を心がけておくように。それら3種類をバラバラの場所に管理しておけば、万が一、財布を失くしても他の2つの手札で乗り切ることができるはずだ。また、強盗など最悪の事態に遭遇した場合に備えて、10000円分のみ忍ばせた〝身代わり用〟の財布を携帯しておくことも1つの手段だ。治安の良い東&東南アジア（一部を除く）でそのような事態に巻き込まれることはないだろうが、何かあった際は第二財布を手渡すように。10000円で命が助かるなら安いもんである。なお、この手の差し出しOKの身代わり財布には決してクレジットカードを入れておかないように。もしもクレジットカードが入っているようなことがあれば、「ATMに一緒に来ておろせ！」と無限地獄に陥る可能性がある。あくまで身代わりの財布には現金のみを入れておくこと。

また、クレジットカードを紛失したときの連絡先も含めて、きちんとサポートセンターに自分のクレジットカード状況を確認してから渡航するように。こういった当たり前だが細かい確認をすることができるようになると、日ごろの些細なホウレンソウ（報告・連絡・相談）業務が「当たり前と思えてくる」ようになる。海外旅行というのは、通常の旅行よりも渡航前からアンテナが高くなりがちになる。ましてやお金の問題やパスポートなど、有事のときに〝大事〟に到るであろう部分に関してはとてもセンシティブになる。ところが面白いことに日本では、ほとんどの人が日ごろからクレジットカードのサービスセンターの電話番号や紛失時のサポートのことなど気にかけていない。「失くしたときに考えればいい」からである。「間に合う」「余裕がある」と思いこんでいるからだ。ところが海外に行くとなると、とたんに未然の状況にも関わらず予防線を張る意識が生まれる。その意識を日本でも日ごろから持つことができれば、仕事も危機管理能力を高く持って臨めるはずだ。手洗いやうがいなど未然に予防するからこそ、風邪にかかる可能性も減少する。病にかかってから病院に行くことは、ときとして〝手遅れ〟にだってなりかねない。

最後に、道具ではないが旅行前、旅行後のアフターケアについても少しだけ触れておきたい。昨今は空港周辺だけでなく、空港内にもリフレッシュスペースが増えており、中部国際空港セントレア、新千歳空港にはお風呂まで完備されているほど、リフレッシュスペースが充実している。早朝発ｏｒ夜到着の成田便を利用する、俗に言う〝ＬＣＣ成田空港難民〟になってしまう人には京成バスが運行する「大江戸温泉物語セットプラン」（入館料＋片道乗車券 計２１００円／別料金の羽田空港 早朝便フライト前泊プランもある）といった素晴らしく有効性の高い妙計もあるため、短期海外が〝ツライもの〟と決めつけるのは的外れと言えるだろう。

デジタル周りで必携すべきもの

短期海外旅行となれば、旅先に持って行く荷物は少ないほうがいいに決まっている。限られた時間に対して、たくさんの荷物を持って行くことは移動や体力の面から考えて効率が良くない。パスポートなどの必携品や最低限の衣類などを除いて、現地で購入できるもの（例えばトイレットペーパーやサンダルなど）は現地調達するとして、安価では手に入らないもの、つまりはデジタル機器に関してこの項では触れておこうと思う。

SNS全盛の昨今では、旅の記録をさまざまな形で留めて、旅行中&帰国後にFacebookなどにアップする人も多くなった。必然的にデジタルガジェットを旅先に持参する機会は増えていくわけだが、あれもこれもとバッグに詰め込んでは重量が増えてしまう。足し算ではなく、引き算の発想で〝なくてはならないもの〟をまずは考えてほしい。

まず、すべての電子機器は充電を要するため、『モバイルバッテリー』は必携品だ。一概にどれがオススメとは断言できないので、口コミサイトなどでユーザーの意見を参考にして自分に最適な一品を見つけてほしい。なかには懐中電灯としても活躍するものもあるので、よく吟味してチョイスしてほしい。

そして、コンセントの差しこみ口を変える変換アダプターも用意しておいたほうがいいだろう。とは言え、タイやマレーシアであれば、自国に対応する変換アダプターがコンビニなどで販売しているため（日本で買うよりも安く手に入る）、忘れてしまっても何ら問題ない。ただし、まだまだ発展途上にあるような国に行く場合は事前の準備が必要となる。

コンセントの問題で言えば電圧に関しても触れておかなければならない。日本では100Vの電圧だが、海外に行くと国によって異なる（アメリカは110〜120V、欧州だと

220〜230V、240Vの国が多く、アジアでは220Vの国が目立つ）ため『変圧器』も携帯していったほうがいいかもしれない。持参する電化製品がこれらの電圧に対応していれば問題なく使えるが、特に100Vのみの対応となる日本製のドライヤーなどは、持って行ったところで変圧器がなければ何の役にも立たない。念には念を入れて、と考えている人は『変圧器』の購入を検討してみるといい。また、ニンテンドーDSも数少ない100〜120V対応の電化製品だが、100〜240V対応の『USB充電器』を介することで問題が解決する。変圧器を購入しなくても、USB差しこみ口から充電や使用が可能となるアイテムの場合はUSB充電器があれば十分だ。

デジタルカメラに関してだが、個人的には『ミラーレス一眼』が最も利便性が高いと感じる。一眼レフカメラは重量があること以上に、持ち運ぶときに首からぶら下げるにしても専用バッグに入れるにしても、とにかく人目に付きやすい。〝高価な商品を持ち歩いている＝お金を持っている人〟と現地人から思われるのは必然的なことであり、どうしたって怪しい輩に話しかけられたりする可能性が高くなることは否めない。写真の質にこだわりたいけど、持ち運びがしやすく、必要以上にアピールしないもの……と考えていくと、手ごろなサイズ感とさまざまなレンズをアタッチメントできるミラーレス一眼が最適解に一番近いように思う。映画のような質感を持つ一眼レフカメラも味があって素晴らしいが、パキッとした鮮明な写真を撮ることができるミラーレス一眼も遜色なく活躍してくれる。いくつかレンズを持って行けばさまざまな質感の写真を撮ることができるので、個人的には「ミラーレス万歳!」である。

そして、誰もが持って行くだろうが、あえて『スマートフォン』を挙げておく。今さらその万能性を語るまでもないが、海外旅行におけるスマホの取り扱いのみ説明しようと思う。海外に行きなれていない旅行者のなかには、海外で自分の携帯電話をどのような状況にしておけばいいのか分からない人もいると思うが、その方法は極めてシンプル。〝フライトモードにしてWi-Fiだけオンにする〟、これだけ徹底させておけばいい。3G(人によっては4G)、データローミング、モバイル通信データを必ずオフにしておけば、海外で写真を送信しようが、アプリを起動しようが課金されるようなことはない。というか、使えない。使えるときは、Wi-Fi環境にあるときのみなので、心置きなくスマホをいじってOKだ。

昨今はフラッシュパッカーと呼ばれる旅のスタイルをする人が増えつつある。フラッシュパッカーとは、バックパッカーの旅行スタイルを踏襲しつつ、iPadやノートパソコン、スマホを駆使してより快適な旅を目指し、自分の興味があることに対してお金をかけることをいとわないスタイル……言うなれば貧乏旅行をするつもりのないバックパッカーない し個人旅行者のスタイルである。

本書で推奨する働きながら短期間で海外旅行を楽しむためには、このフラッシュパック的な要素を上手く取り入れていくことも大事だろう。人によっては旅先で仕事をしなければいけない人もいるかもしれない。そういう人は先述したアイテムの他、ノートパソコンやタブレットも携帯していくことになる。今の時代は、下着や日用品などは現地で簡単に調達できる時代になった。自分にとって必要なものを選別して、誰しもが必要になるものはあえて現地で購入する。自分だけのオリジナルの旅は、荷造りの時点から始まっていると言っていいだろう。

海外旅行をサポートする〝入れておいて損のない〟アプリ

スマホであろうがガラケーであろうが、ネットを介して携帯電話を利用するご時勢。便利なアプリを入れておけば、それだけ日常を快適に過ごすことが可能になるわけで、もちろんそれは旅行先でも同様だ。

海外のようにＳＩＭフリーの携帯電話であれば、現地でＳＩＭカードを購入し、いつでもどこでもネット環境に身を置くこともできるが、日本の携帯電話事情は悲しいかなガラパゴス上等である。どうしても渡航先ではＷｉ－Ｆｉに頼る傾向が強くなるものの、必ずしもＷｉ－Ｆｉがあるとは限らない。となると、〝オフライン時〟でもある程度活躍してくれるアプリをいかに用意しておくかがポイントとなる。この項では、頼りがいのあるいくつかのアプリを紹介していこうと思う。

『skyscanner』

各国で３５００万人以上の人たちに利用されている大手航空会社、ＬＣＣ、旅行代理店の格安航空券の価格を簡単検索＆比較できるアプリ。また、ホテル、レンタカーも検索することができるため、相場を知るにはうってつけ。テクニックの１つとして、スカイスキャナーで表示された価格を確認するために、検索後にその航空会社のサイトにアクセスすることを覚えておいてほしい。というのも、代理店やスカイスキャナーを経由した場合は、なぜかキャンペーンなどが表示されないケースがある。念のために〝表示された価格の安い順の航空会社３社〟を直接チェックすることを心がけると、更に安いチケットを見つけることができるかもしれない。また、スカイスキャナーの国籍と言語をともにスペイン（語）に変えると、なぜか今まで表示されなかった代理店の割安チケットが表示されることがある。なぜスペインだけなのかは不明だが、検索をかけるときは、必ず一度はスペイン設定にして調べるように。

『音声通訳 Pro』

翻訳アプリはたくさん出ているため、自分が使いやすいと思ったものを利用するのがベターだが、なかでも100ヶ国以上で使える全16カ国語の自動翻訳を可能にする『音声通訳 Pro』は使いやすい。英語はもちろん、中国語、スペイン語、アラビア語、など主要な言語を押さえているため、よほど辺境の旅先を選ばない限りはこれ1つで事足りるはず。使い方も簡単で翻訳したい言語を選び、そこに話しかけるだけ。日本語を英語に翻訳したいなら、日本語と英語を選択し、日本語をタップして日本語を喋ればその言葉が英語に、英語をタップして英語で話しかければ、日本語に翻訳という具合だ。直接、タップして言語を入力すれば辞書としても使えるのでとても重宝するアプリと言える。

『翻訳名人』

オンラインの翻訳アプリとしても有能だが、オフラインでも使える機能の中に「よく使うセリフ集」が約300種類ほど登録されているため、ネットが通じていない環境下において、ホテルや空港、買い物などで〝あるある〟の状況になった際に効力を発揮する。また、オンライン時に事前に調べたものをお気に入り登録しておけば、オフラインに確認することができるのも大きい。オンライン時に、次に向かう目的地や次の行動は自分で把握できているはずなので、事前にどんな会話があったら助かるか自分で予測してお気に入りに登録しておくように。使いやすい音声翻訳アプリと翻訳名人があれば、言葉に窮するシチュエーションも確実に減っていくはずだ。

『Wi-Fi Finder』

世界どこにいても近くのＷｉ－Ｆｉスポットを無料で探すことのできるアプリ。ネット検索やアプリを利用するとき……と言ってもオンライン時でしか使用できないアプリが圧倒的に多いだけに、Ｗｉ－Ｆｉスポットを見つけられるかどうかは、フラッシュパッカーにとっては死活問題となる。事前にオフライン用データベースを取得しておけば、オフラインでも利用可能となるため、『Wi-Fi Finder』は外せないアプリの1つだろう。

『eCurrency』

通貨コンバーターや計算機より使いやすく、190以上の通貨に対応しているため、非常に使い勝手が良い。自分が訪れるだろう国のレートを登録し、オンライン時に換算しておけば、オフライン時でも最新更新時の為替レートで換算してくれるため、旅先で欠かすことのできないアプリとなる。現地で外貨両替する前などに換算しておけば、「ん？　少なくないか？」「あ〜この両替所はナシだわ」といったことがすぐに把握できる。また、グラフチャートを備えているだけでなく、過去の為替レートの計算もできるので、昨今のその国の通貨レートの変動も分かる。海外旅行はもちろんのこと、ビジネスや通貨トレードに興味を持つ人にもオススメだ。

『Evernote』

パソコンやスマートフォン向けの個人用ドキュメントをネット上に保管できるクラウドサービス。スマホと同期できるため、ネット環境下であれば場所を選ばない。『Evernote』が非常に優れものなのは、ネット環境のある場所で一度、旅行に関係するノートやPDFをダウンロードしておけばオフライン下でも確認できるようになるというメリットがあること。いちいち取り出すのが面倒な書類や資料は、『Evernote』や次項で説明する『グーグルドライブ』に保管しておくと便利だ。また、直接資料を携帯電話のカメラで撮影し、写真ホルダーに保存しておくのも良い。パスポート番号の確認などは、写メで保存しておくと見直すときに便利だろう。

『Hotels.com』

たまたまここでは『Hotels.com』のアプリを紹介するが、『hostelworld』『hostelbookers』『booking.com』『Hostels.com』など宿泊施設予約サイトは数多くあるので、自分でいくつかのサイトを見比べるという癖は持っていたほうがいいだろう。というのも、同じ宿でもサイトによって宿泊費（&手数料）が異なることがあるので、お金にシビアな人は比較したほうが無難だ。『Tripadvisor』は予約サイトではないが、口コミが豊富なので参考にするには最適。しかし、価格ドットコムのように『agoda』や『エクスペディア』の値段を表示するだけなので混同しないように。安宿〜中級を探すなら、『Hostels.com』『hostelworld』『hostelbookers』『booking.com』、効率よく中級以上を探すなら『hotels.com』『agoda』『エクスペディア』を利用するといいだろう。

『らくらく証明写真』『netprint』

スマホで撮った写真を縦4・5㎝×横3・5㎝というように証明写真風に加工してくれるアプリ。

正直なところ、海外では日本の証明写真のようなしっかりしたものを求められることはほとんどない。このアプリで撮影したレベルの写真で十分認可されるといっていい。『らくらく証明写真』で保存した写真をネットプリント用として保存し、『netprint』を開いて印刷予約するだけでOK。あとはプリントアウト可能なコピー機のあるセブンイレブンで予約番号を入力して印刷すれば、たったの30円で証明写真を作ることができる。証明写真は予期せぬときに求められることもあるため、あらかじめ日本で何枚か用意して渡航するようにしておきたい。

神様　仏様　グーグル様

前項でアプリとして抑えておきたいものを紹介したが、あえてグーグルだけは別項で紹介することにする。グーグルの利便性の高さは今さら改めて説明するまでもないだろうが、やはり旅先においても重宝する存在だ。

例えばパスポート番号などをメモしておく際に、パスポートの顔写真が写っているページをスマホのカメラなどで1枚撮影しておく。スマホ自体に記録しておくことはもちろんだが、写真をグーグルドライブなどで保管しておけば、仮にパスポートを含めた荷物を紛失したり盗難に遭ったりしても、クラウド上に情報は保存し続けられていることになる。

パスポートだけでなく、Eチケットや必要書類は必ずグーグルドライブ上にアップする癖をつけておけば、ネット環境が劣悪な国でなければ、比較的どこでも確認とプリントアウトが可能となる。

紛失の際に求められる「戸籍謄本／抄本」の原本にしても、国によってはまったく必要とされない場合もあれば、コピーでも何とかなってしまうときもある。最悪の事態を含め、手元にあったほうがいい書類は、プリントアウトしたものをスキャンするなどしてクラウド上に保存し、再プリントできる状態にしておくように。

ドキュメント保存と言えば、バージョンアップされたGoogleカレンダーアプリを忘れてはいけない。フライトや宿を予約し通知をGmail宛にすると、勝手にGoogleカレンダーに予定が追加される仕組みになっていて、フライト時間の変更などの通知が届けば自動的に予定の内容が更新されるなど、とにかくスケジュールを把握しやすい。イベントごとに色分けもできるため、移動（赤）、食事&アクティビティ（青）、フリータイム（黄）という具合に色分けしておくと、一日のスケジュールがわかりやすいはずだ。

そしてGoogle翻訳も積極的に使っていきたいところだ。音声変換は不可能だが、テキスト変換であればオフライン時でも利用することができるようになったため、入力に時間を要するものの、どうしても要件などを伝えたいときや辞書として使う分であれば有効利用できる。

サービスがアップデートしたグーグルフォトも面白い機能なので紹介したい。最大1600万画素の写真および1080pまでの動画であれば、無料かつ容量無制限でアップロード＆保存・編集・管理が可能というお化け機能を備えているため、クラウドサービスとしても別格の存在感を放っている。また、写真を保存していくと日時や撮影場所などが記録され、ストーリーとして旅の記録（コレクション）を勝手に作り出す（公開範囲の設定や編集ももちろん可能）人工知能まがいの能力を備えていることも特筆すべきことだろう。勝手に「週末　プーケットにて」などタイトルが付けられストーリーとして写真が展開されていくさまは、はっきり言って恐怖すら覚えるが、自分が意図せず何気に撮った写真が、絶妙に旅の写真として溶け混むことは、記録と記憶の間隙を突かれたようで非常に面白くもある。

そして、グーグルマップにも見逃せない活用術がある。グーグルマップをはじめ、スマホのアプリは3GなりWi－Fiなりネット環境のある状況下でしか使用できないと思われがちだが、ネット通信がつながっていなくても〝使える〟テクニックがある。特に覚えておいてほしいのが、ネット環境がある状況でこれから行く目的地のマップを読み込んでおくという裏ワザ。例えば、これからバンコクからミャンマーのヤンゴンに向かおうとする状況のとき。バンコクに比べ、ミャンマーは街中でＷｉ－Ｆｉスポットを探すことが難しいので、宿の場所を見つける際に地図アプリを頼りすぎるのはよろしくない。手持ちの地図などを頼りに場所を探すことになるだろうが、バンコクにいる時点で自分が宿泊する宿近辺（つまりは特定のヤンゴンのエリア）のグーグルマップを開いてキャッシュを残しておけば鬼に金棒状態になる。

例えば、ヤンゴンに到着しネット環境がなかったとしても、バンコクでネットが通じているときにオフラインで表示させたいヤンゴンの地域を表示させ、検索バーで〝okmaps〟と検索すると、そのキャッシュがデータ上に残るようになる。これにより、オフライン時でもマップとして活用することが可能となるのだ。つまり過去に自分が調べた縮尺の町のマップがそのまま開かれる仕組みになっており、ＧＰＳ機能（ネットがつながっていなくても発動する）と合わせれば、現在自分がどこにいるのか、宿との距離関係が一目で認識できるようになる。

新しい町に到着したときに、拠点となる宿までいかにスムーズにたどり着くか？　ということは死活問題となる。その不安を多少なりとも軽減するグーグルアプリのキャッシュテクニックは、非常に有効的かつ利便性に優れている。ただし、ネット環境にない場合は、縮尺の変更（更新）が限られることと、地図の表示範囲が広すぎるとキャッシュの保存が不可能となるので注意が必要だ。

念のためにキャッシュとして残すエリアマップの縮尺は、細かい路地まで把握できるサイズと、自分のいるエリアがある程度把握できるサイズの2種類にするなど、自分が宿までの位置情報を認識できるパターンを作っておくことが望ましい。ネットにつながっているときに、自分が訪れる場所を一度チェックして〝okmaps〟と検索を入れてキャッシュに残す、これをしておくだけで目的地へのアクセスが格段にスムーズになるので、それこそグーグル大先生で「グーグルマップ　キャッシュ　海外」などで調べて事前に確認しておいてほしい。残念なことに〝okmaps〟による地図のキャッシュ保存ができない地域もある。日本もその1つであり（何かと時代遅れな国だよね）、行先が決まったら日本からキャッシュ保存ができるか試しておくことを推奨する。また、『Maps With Me』も事前にデータ登録しておけばオフライン時でも地図の確認ができるので、グーグルマップとの両備えを推奨しておく。

グーグルの発達スピードは恐ろしく、バンコクなどで（オンライン時に）グーグルマップを開けば、ルート検索でバスの乗り換えなどが全て表記され、簡単に目的地までたどり着けるようになっているなど、その進化はとどまるところを知らない。電車を乗り継いでも行けないようなアクセスの悪い場所（それこそカオサン通りなど）でも、何番のバスに乗れば到着できるかグーグルマップが教えてくれる。同様に、ハノイでもバスの乗り換えを調べることができるわけだが、これが意味するところはお金に執着するやっかいなベトナムのトゥクトゥクに乗らなくて良いということだ。

フラッシュパックにしろデジタル機器を使用するにしろ、ガジェットやアプリを駆使して旅することは、自分の判断のみで各地を巡る昔の旅に比べて、緊張感がなく緩いものへと成り下がったなどと揶揄されることがある。たしかに、すべてを自分自身で手に入れなければならなかった当時に比べれば、海外旅行は生ぬるいものになったかもしれない。だが、裏を返せば、今の時代にフィットした旅に理解を示せないということは、現在進行形の世の中にも対応できていけない可能性をはらんでいる。社会で働けば、インターネットを利用し、クラウドサービスを使ってファイルを共有・同期するなんてことは日常茶飯事だ。デジタルなものを駆使することで、仕事の効率性や利便性ははるかに向上したわけで、その状況に会社が文句を言うなんてバカげた事態は生まれていない。今どき刑事ドラマですら「足で稼げ！」なんて時代錯誤なことは言わなくなっている。

社会や職場で当たり前のようにスマホやアプリを利用するのだから、遊びであろうが旅行であろうが、同様にその使い勝手のノウハウを自分自身のなかに〝同期〟させておくにこしたことはない。働いているときからデジタル機器をある程度使いこなせるようになれば、旅行にも転用でき、旅行の効率性や安全性を上げるためにスマホを最大限利用することができれば、おのずと日常の中にその活用法を逆輸入できるようになる。デジタルといっても、最終的にそれを使いこなせるかどうかはその人の〝頭〟、つまりは人間的な能力が問われる。使えるものは使って、彩りを豊かにしていく。そのためにも、アプリやデジタル機器は積極的に導入してほしいと思う。

お土産は〝ワンショット・ワンキル〟

第一章で海外旅行に行くための時間を創出するためには、職場の理解を早い段階から得なくてはいけないと述べた。理解を得るためにどのように職場で振る舞うかは、自分の仕事をこなしていく上で非常にキーポイントとなる。

その上で覚えておいてほしいのが、〝お土産はワンショット・ワンキル〟という気持ちの持ち方だ。お土産と聞くと、職場の中央にマカデミアンナッツ的なご当地お菓子を置き、あたかも後光が差しているかのような「お土産買ってきました」感を我々に堂々と放つ、あの高圧的なお土産像を想像する人もいるかもしれないが、あのような予定調和のお土産は、ほとんどの人にとってどうでもよく映っているはずだ。

お土産というのは、非常にセンシティブなもので購入者の人柄や思慮深さがすけて見えてしまう、ときに恐ろしい代物である。先のような誰でも思いつくような〝ザ・お土産〟的なものだけを職場に買ってきたとしよう。たしかに、買わないよりも買ったほうが気配りの気持ちも感じられるし、大前提として悪い気持ちだってしない。素直に「ありがとう」という気持ちも芽生える。ところが、同じお菓子でも少し気の利いたお菓子を購入するだけで、「え？ これ何？ こういうのがあるんだ!?」と、気を利かせた分だけ相手の反応も変わってくる。当たり前のことだが、よほど鈍感な人でなければ配慮の気持ちというのは伝わる。些細なことでも、気を配るという意識を持ち続けなければいけないし、働いている人間が海外旅行に行くということは、いかに旅行前後に配慮の気持ちを提示するかということが問われる。

だからこそ、お土産はワンショット・ワンキル。その人がもらって嬉しいと思えるようなものを、〝対その人用〟に用意し、一発で心の臓を打ち抜くくらいの気持ちを持ってほしい。もちろん、職場全員に一人ずつと言っているわけではない。旅行に行くにあたって、特に関係性の深い人に対して、例えば旅行前にサポートしてくれた人や、旅行後に融通を利かせてくれるだろう人、直属の上司や近しい同僚などに対してである。

事前に自分が海外旅行に行く計画があることを告げ、根回しをするなど融通を利かせてもらう以上、そのときにあなたとお土産を渡すであろうその人は、たくさん会話を交えているはず。そのときに、はっきりと「お土産は何がいいですか？」と聞けるなら聞いておくことも大切だ。せっかく買ってくるのだから、相手が喜ぶものがいいに決まっている。であれば、相手が希望するものを買ってくるのが限りなくベストに近い選択だ。「なんでもいい」と言われたら自分なりに考えたものを購入し、旅程上購入が厳しいと思われるものであれば、第二希望、第三希望あたりまで聞いておくようにしよう。

お土産というのは不思議なもので、リクエスト通りのものを手渡すことができると、こちらも気持ちがいいと感じるくらい相手も喜んでくれる。〝遠足は家に帰るまでが遠足〟とはよくいったものだが、僕からすると〝旅行はお土産を渡すまでが旅行〟である。無事に帰国し、いつものメンバーにお土産を渡して、「どうだった?」といわれるところまでがセットであり、これらが滞りなく気持ちよく完遂できて、はじめて「良い旅行だった」と思えるのだ。他人のお土産を買ってくるなんて面倒と思う人もいるかもしれない。だが、そんなことに苦痛を感じるのだとしたら、一人で仕事ができるフリーランスの専門職であれば話は別だろうが、チームワークを要する組織のなかで、「この人にこういうお土産を買っていこう!」と思えるような人が一人もいない職場の現実を受け止めたほうがいい。働きながら海外旅行に行くということは、円滑な仕事環境を作っていくことであり、だからこそ自然とお土産に対する気持ちの持ち方も変わってくる。世話になる、とはそういうことではないだろうか。

お土産のリクエストを得ると、何とかそのリクエストを成就させようと、自分ではあまり行かないような場所にも足を伸ばすようになる。実は、これが旅の面白さに拍車をかける。自分の意思で「○○に行こう」と考える旅行において、お土産のリクエストは他者の意思が介在する、いうなれば自分の旅程にイレギュラーな要素を授けてくれるお楽しみポイントだと思ってほしい。僕はジョージア(旧グルジア)に行った際に、「安くてもいいのでピアスがほしい」というリクエストを受けて、散策時間のついでにピアスも探すようにしていたのだが、これがなかなか見つからなかった。首都・トビリシを訪れていた際に、小休止で入ったカフェの女性スタッフに、「安価でピアスやアクセサリーを売っているような場所を知りませんか？」と尋ねたところ、青空骨董市の存在を教えてくれ、見事、そこで購入することができたという思い出がある。ついでに、自分用の掘り出し物まで見つけることができ、そのリクエストを言ってくれた人に感謝したいくらいだった。お土産探しというのは、ときに自分の意思ではたどり着けないような面白い発見につながることが往々にしてある。それだけに見つけたときの喜びや、渡すときの喜びもひとしおなのだ。

また、お土産を購入するといっても、高価なものや珍奇なものを集める必要はない。あくまで購入できる範囲の中から、その人に合ったものを選べばいい。購入場所として、絶対に外せないのがその町に1つはある市場……だが、こちらの説明は次項に譲ることにして、もう1つ外せないのが何気ない地元のスーパーだろう。地元のスーパーといっても、ローカルピープルが日常的に利用するお店ゆえ、我々異郷人からすれば、それこそ「？」が渦巻く非常にテンションの上がる場である。スーパーゆえに庶民価格（その国の相場を知るためにも訪れるべき）、おまけに香辛料やティーパックなどは見たことのないブランドや味が数多く揃えており、選んでいてこちらまで楽しくなる。コーヒーが好きな上司であれば、ローカルなコーヒーを買っていけばいいし、料理が好きな女性の同僚がいればスパイスを買っていくと喜ばれるかもしれない。職場の人がどんな趣味や趣向かを思い出しながら購入する場所として、スーパーほど適材適所が分かるお土産屋はないだろう。

いかにも〝お土産屋然〟としたショップで買うことも選択肢の1つとしてアリだが、お土産屋価格に跳ね上がっているだけでなく、極端な話、世界各国その外観に代わり映えがないためどこか既視感を覚える品物が多い。つまり、受け取った人に「どこかで見たことのあるお土産」という認識を抱かれても仕方がない。

お土産1つで劇的な変化はないだろう。だが、お土産というのは、あなたが職場で示すことのできる数少ない気持ちの形だということを忘れないでほしい。第2章で、有給を利用することに罪悪感を覚える人がたくさんいることに触れたが、罪悪感以上に謝意を表せるような職場のほうがいいに決まっている。相手の気持ちを考えるからこそ、お土産に気を遣えるようになる。たかがお土産、されどお土産、である。

旅を濃厚にする「コツ」

海外旅行先では、ほんの少し行動範囲を広げるだけで、思わぬ発見に出会えることが多い。「?・」「!?・」を数多く体験することは、自分自身の肥やしとなり、社会や職場でプラスに作用することは説明した。その「?・」「!?・」に出会うためのコツ、と言うと多少大げさだが、以下のことを気にかけて行動すると、そういった発見とのエンカウント率が高まるかと思う。

【その1】〝早朝に散歩すべし〟

発展途上国の朝はせわしない。非常に多面的な朝の風景を持っているため、できることなら朝の早い時間（7時ごろ）に散歩をしてみてほしい。「歴史は夜に作られる」というが、「文化は朝に作られる」、そんな言葉が思い浮かんでしまう朝の風景は、その国・地域の人々の文化を映し出す鏡のような光景を持っている。例えば、南インドのケーララ州・コーチンという場所を訪れた際、北インド的な朝からけたたましく車と人力車が往来する〝落ち着かない〟光景を予想していたのだが、海辺をジョギングする人、体操をしている人、魚を卸している人、捌いている人、道端で寝ている人、海を見て肩を寄せ合っているインド人夫妻などなど、まったく北インドとは様相が変わっていることに驚くとともに、国民性や国が持つ感性をより理解するためには、地域レベルで解釈することこそ、その国の理解への近道なのではないか？　と感銘を受けたほどだ。早朝から通勤電車に揺られ出社する姿がひしめく東京、朝っぱらから大音量のコーランが流れるイスラム色の強い地域、早朝に掃除や家事を黙々とこなす女性が目立ち、男性は惰眠をむさぼるタイの地方など、早朝にその地域の特色が表れているのは偶然ではなく、朝早い時間を散策することは、自分が滞在しているその場所の特質を最短距離で理解することに大いに役立つはずだ。

【その2】〝市場に出かけよ〟

前項でお土産選びはスーパーを活用したほうがいいと触れたが、もう1つ欠かせない場所として、その地に根を下ろす〝市場〟の存在が挙げられる。世界各国、主要な街には必ずといっていいほど巨大な市場（マーケット、バザール、スークなど）があるが、ありとあらゆる衣食住の文化と伝統が詰め込まれているため、楽しいを通り越して、とにかく勉強になる。

観光化されている部分も多分にあるが、土着感もきちんと残っているため、結果として旅行者と地元民が混在したさまざまな人種が往来する雰囲気を楽しみながら、買い物や食事を楽しむことができる。市場で売られているものの中には、掘り出し物や日本で買うと何倍にも跳ね上がるようなものが眠っている。ヤンゴンにあるボージョーアウンサン・マーケットを訪れた際には、本当かどうかは知らないが象牙でできたバターナイフなどが300円ほどで売られているなど、細緻に富んだ工芸品が激安で売られているので、お土産選びの場として市場は欠かすことができない。お土産として地元スーパーでコーヒーを買っていった上司に、プラスアルファとしてマーケットで見つけた陶器（高くない！）を買っていく、なんて合わせ技ができるようになると、さらに喜んでくれること間違いなしだ。

バンコクのチャトゥチャック・ウィークエンド・マーケットや、マラッカのウィークエンドマーケットなど週末限定のマーケットもあれば、台湾の士林夜市、イスタンブールのグランドバザールなどほぼ毎日賑わっている市場もある。小さな町にも、日本でいう商店街のように、必ずその土地を形容する市場があるので足を運んでみてほしい。アーサー・フロンマーの「when you travel, the less you spend, the more you enjoy（旅をするならお金を少なく使うほどより楽しめる）」を実践する場所として、これほど受け皿となってくれる場所はない。

【その3】〃メモ帳とボールペンを必携すべし〃

スマホが普及し、現地でのやり取りをデジタル機器で済ませる人も多いと思うが、ポケットに収まる小さいサイズのメモ帳とボールペンは必携しておいたほうがよい。行動範囲が広がればおのずと値段交渉や道を尋ねるといった、現地人との交流が生まれる機会も増えてくる。その際のスムーズなやり取りを考えたときに、筆談ほど正確な確認方法はない。聞き取りづらいと思ったら適当に受け流すのではなく、しっかりと明記して確認すること。もちろん、筆談をシビアな場面にだけ用いる必要はない。あくまで現地の人と円滑なやり取りをする上で欠かせない方法として心がけてほしいのだ。バスや電車を利用して移動する場合、気の良い人であれば道筋を書いてくれたりする。そういうメモを帰国したときに見直すと、ありきたりな話だが、「あの人優しい人だったなぁ」などと回想することができ、日本における自分の振る舞いを考えるきっかけになったりする。「メモ帳に記す」という行為は、記憶から剝がれ落ちようとしている旅の痕跡を、記録という形で留めさせてくれる行為なのだ。そういう意味でも積極的にメモ帳を使って旅行をしてほしい。

【その4】〝自分の趣味が話せるお店を訪問せよ〟

大都市ではない中都市や小さな町を訪れた際、いかにして町の範囲（限られたテリトリー）

を把握し、有意義に過ごすことができるかは大事だ。ガイドブックに載っていることや、事前に日本から旅行者のブログなどで手に入れた情報、そして現地で出会った日本人から得た情報だけを頼りにするのでは、いささか味気ないものがある。かといって、むやみやたらに歩き回るのは疲れてしまうだろうし、海千山千の現地人にやたらと話しかけるのも賢い方法とは言えない。そういうときは、自分の趣味が活きるショップ（高価なものを販売しないお店限定）に入店し、できることならそのお店で1〜2つほど商品を購入するといった関係性を作ってみてほしい。

例えば、僕の場合は音楽が好きなので、中都市や小さな町に行くとCDショップに入店し、その国の最新の音楽事情などを聞いてみる。お互い共通の話題を介しているので、言葉以上にフィーリングで盛り上がる。CDショップなどはその場で試聴させてくれるので、何かしら琴線に引っかかるご当地ミュージックがある場合は購入に踏み切ることにする。その上で、この町の見所や隠れた名店、美味しいお店などのリサーチを開始するようにしている。お店のスタッフからは、購入者&共通の趣味を持つ人物として僕が映るため、比較的中身の濃い情報を与えてくれることが多い。しかも、お店のスタッフは働いている最中なので、「一緒に行こうぜ」的なややもすれば悪運を引きかねないような状況にもならない。自分の趣味に応じた商品を購入しているため、仮にその情報が大したものではなくても割り切ることができるし、当たりだった場合は万々歳と瓜を投じて玉を得た気分になる。あまり情報のない町に立ち寄った際は、このような方法で関係を育んでいくと、質の高い時間を過ごせる可能性がグッと引きあがるだろう。

第五章

人生観など変える必要なし！

人生観という嘘くさい言葉

個人自由旅行の海外旅行に出かける人が、たびたび帰国後に口にする言葉として「人生観が変わった」というものがある。僕は天邪鬼な性格が災いしてなのか分からないが、どうにもこの「人生観が変わった」という言葉が信用ならない。

少し前に自分探しの旅がやたらと取りざたされていたが(今もか!?)、自分を探しているような人にはおあつらえ向き、ピッタリの言葉だと思う。芯すら皮であるタマネギの皮を剝き続けると何もなくなってしまうように、自分というものがよく把握できていない人は、自分を形成しているものがよく理解できていない。だからこそ、コロコロと人生観が変わり、いつまで経っても地に足が付かない。あまつさえ、何か大したことも達成していないのに、「お前海外に行ったほうがいいよ。過酷な状況の中、必死に生きている人たちを見ると絶対に人生観変わるから!」なんて言う奴は、童貞喪失直後に「お前まだ童貞なのかよ!?早く卒業しろよ!」と急に先輩面する奴となんら変わらないと思っている。

付け焼き刃でない、豊富な経験が背景にあってはじめて「価値観が変わる」という言葉に重みが増すのだ。

では、その経験値とは何だろうか? 生まれてから死ぬまでにめぐり合うすべての経験から得るもの……例えば、それは仕事かもしれない。家族との間に育まれたものかもしれない。挫折で味わった敗北感。なんだっていい。自分を形成するうえで欠かせないものすべてである。だからこそ、人生観が変わるというのは、滅多なことでは起こらない。「そうそう簡単に人生観が変わってたまるか！」というのが、僕の本音だ。

経験値のない人間が口にする「人生観が変わった」というのは、ただ単にその人にとって童貞喪失の瞬間、いわばアニバーサリーの記憶にすぎない。その人にとっては記念すべきことかもしれないが、周りの僕らからすれば何も記念すべきことではない。人の結婚式で頂戴する引き出物が、〝新婚夫婦の写真入りプレート〟だったときのどうでもいい感じ、あれこそ人から言われる「人生観が変わった」とイコールの存在だ。いちいちそんな野暮ったいことは人に伝えなくていい、聞かされた方も「俺をお前のアニバーサリーに巻き込むな、アホか」と思っていればいい。それくらい、「人生観が変わった」というのは薄っぺらい言葉だと捉えておいてかまわない。アニバーサリーな体験をしたに過ぎないその人の擬似的人生観の転換は、単なる思い出の焼き直しだろう。

繰り返し書いているように、僕は旅というものを点ではなく線にしてほしいと願っている。安い人生観が変わるような旅行は望んではいない。働いているあなたたちは、この日本という国、職場という環境の中で濃度の高い経験を送っているはずだ。上司に怒られ、同僚と丁々発止をし、クライアントを納得させる。そういう人生の一滴を抽出するために何ヶ月も費やしている皆さんの人生観が、そう簡単に変わるとは思えない。男女差や個体差こそあれ、人間が仕事を続ける限り、人生に費やす仕事の割合は約3割だという。残りの3分の1がそれぞれ「睡眠」「自由な時間」となるわけだが、仕事をしているということは、それだけ自分の価値観に大きな意味をもたらすことになる。寝ている間に価値観を見出すことができるという稀有な人は、今すぐ仏僧界に転職するべき人材だろう。多くの人間は、「仕事」か「自由な時間」のなかで自分の価値観を作り上げていく。3分の1という割合を占める仕事の中で、自分なりの人生観を見出せないような人はどこに行ってもまともな人生観は養われないのではないか？　同様に、自分の価値観を形成していく上で「自由な時間」を上手に使うことも大切になってくる。いつの時代も旅行が常に人を魅了し続けるのは、「自由な時間」から何かを得たいという人間の欲求だと思うのだ。

「お前ももっと強烈な体験をすれば人生観が変わる！」と主張したい人もいるかもしれないが、僕は旅に強烈さや過酷さを求めていない。自分の人生や仕事に活かせる程度の旅で今のところ満足だからだ。そもそも、人生観を変えたいと思うほど生活や人生に困窮していないし、自身を見失っていない。それは僕に限った話だろうか？　働き盛りの20代30代のビジネスパーソンのなかには、同じようなことを思いつつ、それでも海外に行くことで自分の引き出しを増やしたいと考えている人が多いのではないか。

ごくまれに、自分の姿がその人の瞳に映ってしまうほど目を輝かせ、「人生観が変わったぁ」と放言するピュアな人がいるが、それは例外だ。海外に行くということが特別なことではないからこそ、さも特別に聞こえるかのようにその言葉を口にされると違和感を覚える。安易に人生観が変わるような海外旅行はない。ただし、他の価値観に変化が訪れるという点では海外旅行ほど、素晴らしいスパイスはないだろう。

仕事観、結婚観、死生観……旅はそれらにスパイスを加えるようなもの

易々と人生観が変わることはない。ところが価値観は、人生観以外にも当然ある。仕事観、結婚観、家庭観、恋愛観、死生観などである。僕は何も海外旅行で価値観が変わることを否定しているわけではない。むしろ、それこそが海外旅行の面白さであり、帰国後にビジネスシーンや生活に、〝山椒は小粒でピリリと辛い〟的エッセンスをまぶす薬味になると思っている。僕が辟易するのは、大上段に振りかぶって「人生観が変わった」なんて安い竹光で海外旅行を真っ二つに斬ろうとする安易かつ粗野な言動に対してだ。本来、人生観などというものは自分の精神構造を鑑みたときに本丸であり大本営なわけである。そこにたどり着くまでには、兵站線があって、三の丸、二の丸と段階があって、最後の砦として本丸がそびえたっているはずだろう。

海外旅行に行くことでいきなりこの本丸が陥落するというのは、なんと精神構造の防衛線が稚拙かつ粗暴な作りなんだろうか！　と唖然とする出来事と言いたいくらいだ。きちんと人生を送っている人は相対的にその構造がしっかりしているはずで、そうそう簡単に本丸である人生観が揺らいでもらっちゃ困るのだ。とは言え、その前線にある各方面の価値観……仕事観、結婚観、家庭観、死生観といった防衛線は別のお話だ。海外で出会った「?」は、本来であればまずここを攻め立ててくる。

例えば、仕事観が十分に確立されているビジネスパーソンは、働くということの意義や責任感、力の抜き方など、これまでの経験を元に自分なりの流儀が出来上がっているはずだ。そういうビジネスパーソンが、男性は働かず女性ばかりが懸命に働く国を訪問したときにどんなことを覚えるだろうか？　さらにはこの国へリフレッシュをしにバカンスで行ったとしたらどう思うだろうか？　社会経験があり、それなりに働くという意識を持っている20代、30代であれば、仕事で訪れた〝男性は働かず女性ばかりが懸命に働く国〟と、遊びによって訪れた〝男性は働かず女性ばかりが懸命に働く国〟では、同じ国を訪問しているにも関わらず見方や考え方が変わることを想像するのは難しくないのではないか。自分の引き出し、言うなれば仕事観、結婚観、恋愛観、死生観などの考え方をしっかり持っている人ほど、その国から感じ取れる要素は増えていくことにつながっていく。

死生観なども同様である。イスラム教の遺体の葬り方は、火葬は禁忌であるため土葬が一般的となる。また、インドのバラナシにあるマニカルニカー・ガート（火葬場）では24時間絶えることなく死者がこの場で火葬され、遺灰をガンジス川へと送り出す儀式が行われている。日本はどうだろうか？ 思いもよらない死生観は海外に行かなければ得られないものだろうか？ 僕は、無縁仏や永代供養塔といった現代ならではの死生観が散見し、時代とともに死生観が変異する日本の生死の問題も十分インパクトがあるように思うのだが、どうだろうか？ 身近な存在を亡くしている人なら、すでに構築された自分の死生観もあるはずだろう。日本が初めてワールドカップ出場を決めた際に、アナウンサーから「日本は世界に勝てますか？」という質問に対し、「日本も世界ですよ」という金言を持って対応したのは元サッカー日本代表・三浦知良選手だが、どんな価値観であれ日本でも立派に作り上げられていくに決まっている。死生観といった問題もしっかりと生きてさえいれば、グラグラと揺らぐようなものではない。そういう考え方を持っているからこそ、目の前で知らない遺体が焼かれている光景を目にしたときにいろいろと考えるものが出てくる。真剣に生きているからこそ、真剣に感じ取ることができるのだ。「うわ〜日本でこんなことありえねー。インド、ヤベー」（内心）＝「死生観が変わった。キリッ!」（外面）では、何か寂しい気持ちにならないだろうか。

働いている人間が海外旅行に出かけるということは、君たちが四苦八苦しながら日本で、職場で築き上げてきた仕事観、結婚観、家庭観、恋愛観、死生観などさまざまな価値観に、ほどよくスパイスを加えるような効果がある。「何かが足りない」「もう少しアレンジしたい」、料理を作っているときにそんなことをふと思う人も多いだろう。海外旅行で得る経験（スパイス）も同じようなものである。だからこそ、大仰な志は必要ないし、「人生観が変わる」なんて大いなる結果も考えなくていい。趣味の範疇で料理を作っている人が、大層な志、たとえば〝出店〟を考えながら作っているかといえばそうではないはずだ。趣味の範囲でもこだわりが出てくるから面白いのである。そして、料理を作り続けている人だからこそ、微細な違いが分かるようになってくる。海外で得る（＝帰国後に自分に還元される）

違いも、ビジネスパーソンとして働き続けているからこそより分かるものであり、地に足をつけて生きているからこそさらに分かるのだ。

自分の価値観を無理に変える必要もなければ、影響を受ける必要もない。そして、過度に期待するものでもない。仕事をしていれば、思いもよらない死角からパンチを受けて、それまでの仕事観を全否定されることだってある。極端な話、シビアな職場で仕事をしているほうがより自分の血となり骨となることもあるかもしれない。それでも僕が仕事をしている人に海外に出かけてほしいと思うのは、それこそ死角から美しいカウンターを浴びせられることが多いと断言できるからだ。次項では、僕が期せずして浴びた海外の洗礼を綴っていこうと思う。立ち止まっていても、海外では価値観のほうからこちらに歩み寄ってくる。ビジネス本など読まなくても、新鮮な発見に出会えれば、一回りも二回りも自分を成長させることはできるはずだ。

旅で感じたもの～『ピイにて日本語を話す若者たち』

ミャンマーのピイという辺鄙な町を訪れたときのことだ。目的は、町からバスで30分ほど離れた場所にある、世にも珍しいメガネをかけた大仏を見るためだった。眼病予防に効果がある仏さまと言われ、ミャンマー全土から視力の悪い人や眼病を抱える人が、毎年数多く参拝する世界でも珍奇な寺院にそのメガネブッダは鎮座していた。祈りを捧げ視力が改善したあかつきには、人々はそれまで使用していたメガネを寺院に奉納していく、なんとも変わった風習が息づく寺院である。

聞くところによるとこの仏さま、現地人が他の大仏と一線を画すために、後付けで「眼病予防に効く」とアドバルーンを打ち上げ、特大サイズのメガネを作り、無理やり装着させたビジネスブッダだという。そんな不思議な仏さま（塩沢とき似）を崇めるあたり、ミャンマー人の人の良さが表れていると思わずにはいられない。

ちなみに、装着しているメガネは現在3代目。初代は経年劣化し、2代目にいたっては盗まれたという。この特大サイズのメガネを、夜中に大のオトナが2、3人連れ立って寺院から運び出した姿を想像するだけでこの寺院に来た甲斐はあったというものだ。時東ぁみは今すぐにピイに行くべきである。

そんなファンキーな仏さまに手を合わせ、ピイの中心地へ戻り、少し遅い昼食をとっていたときの話である。油でコーティングされたミャンマー独特のカレーを食べていると、偶然にも50～60代とおぼしき日本人男性と遭遇した。Uさんと名乗るその男性は、人口約

50万人の町に、たった一人の日本人としてすでに6年も住んでいるという(当時)。50万と聞くとそれなりに大きい町をイメージするかもしれないが、「郊外を含めて」の人口である。僕の肌感覚から察するに中心地には、5万人もいなかったような気がする。バブルによって過熱するミャンマーであれば、ヤンゴンやマンダレーといった大きな街の方が何かと便利なのではないか? 町ではなく村と呼んでも差し支えない場所に6年も滞在していることが不思議でならなかった。

「どうせ暇だろ? ちょっと付き合え」。メガネブッダ参拝という悲願を成就し、移動日の明日まで暇を持て余していた僕は、Uさんに誘われるがまま、彼のバイクに乗って自宅にお邪魔することになった。

バイクが横付けされた場所は、日本語で看板が掲げられているイラワジ川に面した灰白色の立派なレストランであった。「あれ? なんで日本語?」と戸惑う僕に、Uさんは「俺の家だからだよ」と笑い、川を一望できるテラス席にいた大学生と思しき女性スタッフが「社長、おかえりなさい」と流暢な日本語で話しかけるや、僕の頭は軽いパニック状態になった。しばらくすると、ミャンマーにいるにもかかわらず日本語を話す若者が、やたらとお店に出入りするという奇怪な状況が続いた。Uさんは彼らを「みんなミャンマー人だけど日本語が話せるのは、俺の生徒だからなんだよ」と説明する。これは一体何なんだ??

Uさんは62歳のときにピイに移住してきたという。なぜこの町を選んだかについては「なんとなく」ということらしい。深く詮索することは野暮だろう。では、〝日本語を話す生徒〟という若者たちは何なのか？　リタイヤしてピイに移住してきたUさんは、当初、何もすることがなかったという。当時ただ一人の日本人として居を構えるUさんに、ピイの人々は多大な関心を寄せていたらしい。その中には、当然、親日国・ミャンマーゆえ日本の文化に大きな興味を持つ若者がたくさんいた。ある日、ピイで知り合ったミャンマー人の友人から「無料で日本語を若者に教えてくれないか？」と頼まれたUさんは、その依頼を快諾し、以来、今に至るまで教え続けているというのだ。Uさんの下から巣立った生徒のなかには、日本の大学に交換留学生として羽ばたいた者、日系企業に就職できた者など、普通にピイに暮らしていればありえなかったような大きな活躍を遂げた若者も多かったという。当初は不信や疑心を覚えていたピイの人々も多かったらしいが、無償でありながらも成果に導くその姿は、彼らの不安を霧消させるに十分だった。ミャンマーにおいて、外国人が不動産を有することはできず、所有するためには国民（私人）からのリースという形式を取らなければならない。レストランを開業することを夢にも思っていなかったUさんが、今レストランを経営しているのは現地の方々との強固なリレーションシップがあってこそなのである。日本語青空教室が生んだ副産物。町唯一の日本食レストランである同店は、リバーサイドという絶好のロケーションもあり、過熱するミャンマー経済の恩恵を受けたピイに暮らす中産階級以上の客層が連日訪れる人気店へと変貌を遂げた。

「店が終わったら、またここに来い。マーケットにビール飲みに行くぞ」とUさんから伝えられていた僕は、22時過ぎに再び合流し、必ずしも豊かではないだろう地元民が、とかく楽しそうに酒を酌み交わす町一番の繁華街、と言っても手のひらサイズとでも形容したくなる小さな繁華街で、1杯60円の生ビールをあおりながらUさんと話を続けた。場所が変われども、酒の席でのマナーは変わらない。ましてや、移住したとはいえ日本人の大先輩である。近すぎず遠すぎず。距離感を大切にしつつピイにいながらにして日本流の宴席を楽しむことにした。時折、スコールに見舞われ、バイクのエンジン音がけたたましく響くその光景はスマートというには程遠かったが、先の話を伺っていたこともあり、Uさんが素晴らしくスマートな人に思えた。都心のバーにいてもおかしくない、どこか哀愁と賢明さを併せ持つカッコ良い大人であった。

「日本語を無償で教えていた話をするとさ、俺のことを聖人君子のように思う人もいるんだけど、全ッ然そんなことないから！　考えてもみろよ。友人は欲しいけどさ、60越えて脳も衰えてきている俺がミャンマー語を覚えられるわけないじゃん（笑）。だから、3年くらいしたら日本に戻ろうと思っていた。ところが、日本語を教えてくれ、と。俺みたいな年寄りがミャンマー語を覚えるよりも、若い人間が日本語を覚えてくれた方が楽だと思ったのよ。若いってのはそれだけ可能性があるわけだし。俺がミャンマー語を覚えたくないから、日本語を覚えてもらった（笑）。な！」

と、Uさんは一緒に飲んでいた男子生徒の肩を笑いながら叩くと、ミャンマー人の彼は流暢な日本語で「そうですね！」と無邪気に笑い、「U先生」と親しみを込めて話を続けた。

僕はハッとした。エゴイスティックな動機は、ときにかくも素晴らしいのか、と。仕事においては、やたらと協調性や周りとの足並みを気にしなければならないことがある。だが、それってどうなんだ？　さまざまな本で「協調性を大事に」と謳うものの、自分の我の出し方についてはタブーであるかのごとく触れられる機会が少ない。たしかに、自分を殺して仕事をしたほうが、スムーズに進むことはたくさんある。いやいやいや。それだけで満たされるわけがない。Uさんのように成果や手応えが生まれる保証はないかもしれない。だが、客観的に見て自分とその周りがプラスになるのであれば、自分勝手な動機でもまったく問題ないこともあるはずだろう。周りに合わせる前に、まず俺だ！　俺にとってプラスになって、その上で周りにマイナスの影響を及ぼさないようにすれば、エゴイスティックに映ろうが関係ないのではないか。そういう動機で突っ走ってみると、今までとは違う関係性ができあがることもあるんじゃないのか。

聖人君子とエゴイスティックは紙一重なのかもしれない。眼鏡をかけたブッダの町で、僕は1つ生きていく上でヒントを得たような気がした。今なお視力は回復していないが、Uさんと酒を酌み交わしたことで、人生の見通しはだいぶ良くなったと思っている。

旅で感じたもの～『プーケットで出会ったリタイヤ組』

タイには50歳以上限定のリタイアメントビザというビザがある。タイ国内に80万バーツ（約210万円）以上の預金がある、または1ヶ月に65000バーツ（約17万円）以上の年金収入がある、あるいは預金と年金の年間収入を合わせて80万バーツ（約210万円）以上ある場合、1年間の滞在が可能となり、その間は出入国も自由に行うことができる。1年ごとの更新ならびに90日ごとの外国人居住登録の更新手続きがビザとは別途必要となるが、先の条件を満たす限り、その気があるなら半永久的にタイに住むことができる。

裕福とは言えない家庭が数多く存在する東南アジア各国では、他国からの富裕層にお金を使ってもらうことで自国経済を潤そうとする狙いがあり、このようなリタイアメントビザがいくつかある。マレーシアでも10年間の長期滞在が許可される「MM2H」の資産要件である50万リンギット（約1250万円）以上の財産証明や、30万リンギット（約750万円）の銀行預入の証明を提示することができれば長期滞在が可能となるが、リタイアメントビザの査定条件が破格と言えるタイは、成長も著しく、食べ物や気候に優れ、国民性も温厚。第二の人生を模索しにリタイア組がこぞって移住してくる機会が増えている。

そのリタイアメントビザを利用し、プーケットに移住してきて10年が経つというSさんとTさんと知り合ったのは5年前のことである。

彼らとは、友人（当時35歳）の結婚式に参列するためにプーケットを訪れた際、新郎の友人として式に参列していたことがキッカケで親しく話すようになった。そもそも新郎がプーケットを挙式の場所として選ぶに至ったのは、かつて「節税のためにプーケットに滞在していた」という本人以外は驚くほど思い入れのない理由からであった。新郎とSさん、Tさんは、その数少ない思い入れを共有できる戦友であり、節税のために滞在した新郎にさまざまなアドバイスを贈った仲でもある。

SさんとTさんは、50歳を過ぎたころに早期退職を申し入れ移住の道を選んだという。まず最初に行ったのは、満額ではないにしろ手に入れた退職金を使い、現地でクルーザーボート（日帰り用）を購入したことだ。「随分と南の島で悠悠自適ですな。大層なご身分で」。そんなことを考えたアナタ、大甘である。50歳と言えば、日本国ではまだ年金が受給されない年齢だ。今後10年以上、早期リタイアで受け取った退職金だけで暮らしていくというのは、けっこう危険な気もする。アナタならどうやって身銭を生み出していくだろうか？

Sさんは、クルーザーボートを購入し、スキューバダイビングを提供する代理店に貸し付けることで利益を生み出す道を作り出したのである。お二方ともダイビングマスターの免許を持っているため、こういった事情に明るかったとは言え、自分の得意分野を活かしてお金や価値を生み出していくことは、どんな場所であれ、何歳になっても変わることはない。

リース料によって雨季乾季関係なく安定した収入を得ることができ、自身の預貯金を含めれば先の条件を楽々とクリアするといった具合だ。しかも当時は、現在のような円安状況でもなければ、物価もはるかに安かった。本当の意味での悠悠自適とは、こういう頭を使った状況下でしか生まれないのではないだろうか……自分は頭を使って生きているか？

結婚式の場にも関わらず、ゴルフ帰りと思しきポロシャツと短パン姿で現れた非常識なオッサン二人だったが、その超合理的かつ頭の柔らかさに、僕は強い感銘を受けた。

さて、このオッサン二人組。中身はスマートなのだが、振る舞いはすっかり良い意味でタイ人化している。結婚式の翌日、焼肉を食べに行くことになったのだが（プーケットにも焼肉がある！）、日本から送ってもらったという「黒霧島」を取り出し、店内でグビグビと飲み始めたときは、「バカなのかな？」と面喰ってしまった。

「大丈夫なんですか？」と周りを気にするいかにも〝日本人脳〟な僕の小言を、「だって、この店にねぇんだもん」という言語明瞭、意味不明瞭な返答で一刀両断したあたりは、断られたこちらが気持ち良く感じるほどだった。「チェイサー頼んでるから問題ない」というよく分からないフォローにも声をあげて笑ったが、タイというその国のルールから絶妙に脱線せず、とかく我流を突き通す二人の〝環境を乗りこなす感〟とでも言うべきドライビングテクニックはセンセーショナルだった。

「このカルビ、先週食べたときのロースの味だよな？　というか、これロースだな。店長はゴルフ仲間だから、ちょっくら文句言ってくるわ！」と厨房に乗り込みにいったSさんに対し、登場した店長が言い放った「昨日までロースだったが、今日からそれがカルビになった」という名言も忘れることができない。敵ながらあっぱれである。「そう言われたら仕方ないなぁ」と何故かすんなり引き下がるSさんの態度も相まって、「カルビの値段でロースを出すのはおかしいですよ」と喉まで出かかった言葉を、僕は飲み込むことにした。ちなみに、カルビであろうがロースであろうが、この店の焼肉は美味くなく、肉自体は飲み込めなかった。

何年後かに久々に二人を訪れると、お店の店員は黒霧島の水割りを作れるようになっていた。日本のキャバクラ嬢よりも絶妙な水加減で焼酎を割っていたスタッフの女性に「上手いですね」と言葉をかけると、Sさんは「この割合になるまで2年かかったよ」と得意げに話してくれた。自分でやれよ。彼女はミャンマーから出稼ぎでタイに来ているらしいが、まさか異国の地で、さらに異国の飲み物を作ることになるとは思わなかっただろう。往年のバラエティにおける『高橋レーシング』を彷彿とさせる二人のドライビングテクニックは健在であった。

Sさん、Tさんは言う。「タイもどんどん変わってきている。物価も高くなってきているし、このままプーケットに住み続けるか分からないなぁ。今じゃ、ロシア人と中国人ばかりになってしまって、随分と日本人の存在感はなくなってしまった。もっと若い奴らにはいろいろなものを見てほしいよなぁ」と。

アジアに行くと面白いオッサンたちがいる。そして、何かしら学ぶものがある。今、僕らがクルーザーボートを購入しレンタルを試みようと思っても、時すでに遅し、である。先人がいるということは、その席はすでになくなっていることを意味する。だが、変わりゆくなかで必ず新しいものも生まれてくる。それをどう活かすかは、自分次第だろう。そのときに先輩たちのアドバイスは必ず役に立つ。久々に訪れたプーケットは中国人ばかりになっていて変わってしまっていたが、SさんとTさんは何1つ変わっていなかった。そういう人たちがいる限り、僕はこの地を訪れ続けるに違いない。

旅で感じたもの〜『スリランカの車窓から』

日本人は宗教観に触れる機会があまりないかもしれない。そういう意味で、タイやミャンマーをはじめとしたアジアの仏教国に行くことは、新しい価値観を生み出してくれる機会と言えるかもしれない。タイやミャンマーにおける仏教への信仰心の厚さは、戒律を厳格に守ることを重んじる「上座部仏教」であることもあって、人々の心にどれだけ仏教が根を下ろしているか一目瞭然である。昨今、ミャンマーの難民・ロヒンギャ族問題がクローズアップされているがイスラム教を信奉するロヒンギャが、ミャンマーの人々と相容れない事実は、ヤンゴンにあるミャンマー人の仏教信仰心の結晶とも言うべき金色に輝く仏塔・シュエダゴォンパゴダを包む人々の多幸感を見ると、妙に納得してしまうのである。

アジアにおける数ある仏教国のなかで、もっとも印象深かったのはスリランカであった。スリランカも上座部仏教に属するのだが、極めて洗練された教えがいたるところに根付いていた。満席のバスや列車にお年寄りや乳幼児連れの母親が乗車すると、必ず誰かが席を譲る。100％の確率で譲るのである。おまけに、譲るのは必ず男性であり、20歳前後の若い青年が率先して席を立つ。僕はコロンボから北に35㎞の位置にあるバンダラナイケ国際空港からキャンディという町へ移動する際に、乗車率200％超えのバスに乗ったのだが、情けないことに十分に舗装されていない山道を走るバスの揺れに体が疲弊して脱水症状を起こしてしまったことがあった。

空港から出ると、今まさにキャンディ行きのバスが出るところだったので、飲み物を購入せずに飛び乗った……今振り返れば凡ミス以外の何ものでもないのだが、とにもかくにも苦しくて途中から体の震えが止まらなくなってしまったのだ。明らかに自分でも「体の調子がおかしい」と感じるほど変な汗をかいていたので、すぐ隣に立っていた若い男性が

「おい大丈夫か?」と声を掛けてくれたものの、「み、水がほしい……」と『北斗の拳』の1シーンを再現してしまうという体たらくぶり……それほどまでに余裕がなく、声を絞り出すのが精一杯だった。すると、その男性は「誰か水を持っていないか?」とバス中の人に声を掛けてくれ、挙句、近くに座っていた人が「ここに座っていいよ」と譲ってくれるまでに。やがて水が運ばれ、そこからキャンディまでの約30分はスリランカ人の優しさに触れながら移動する忘れがたい経験となった。バスが終点に着くとき、「気をつけろよ(笑)」と5人くらいから声を掛けてもらったことが嬉しくもあり面映くもあり。スリランカという国は、まだまだ未整備な部分もあるが、いたるところに配慮とスマートさが息づいていて、「こういう人々に倣いたいものだ」と、以後、心に決めて生活しているほど、結果として印象深い出来事になってしまった。

もうひとつ。第三章・スリランカのページでも記述したが、この地には「アジアで最も美しい車窓の風景」と呼ばれる列車が走っている。キャンディ(正確にはコロンボへ6㎞行ったペラディーニヤ・ジャンクション駅)からバドゥッラまでの山岳地帯約110㎞をゆっくり7時間かけて駆け抜けていくその景色を体感した僕は、夢路を辿るような時間を再度味わいたくて、翌日の予定を変更し、そのまま同じ列車に乗ってペラディーニヤ・ジャンクション駅まで戻るという旅程をチョイスしてしまったほどだった。

走りゆく列車から身を乗り出し、スリランカの風に委ね、眼下には紅茶の茶畑、遠望にはワールズエンドと呼ばれる万丈の山々がそばだつ車窓からの光景は筆舌に尽くし難く、このまま乗車していればスリランカのメーテルに出会えるのではないかと妄想してしまう。イギリス統治下時代に栽培されたプランテーションと、それを輸送するために整備された山岳鉄道、そして手付かずの山々……産業と文明が自然と絶妙に織り合わさる奇跡的な清爽さは、単に自然の雄大さだけで成立する景色とは、また違う情報量が渦巻いていた。この規格外の車窓を一般車両（二等席）であれば、約400円で楽しむことができる。鉄オタならずとも大興奮間違いなしだろう。

人間の力によって開拓された偶然の景色や、文明の力を使うからこそ楽しめる大自然、それは何も高い費用を要するパラグライダーやパラセーリングなどのアクティビティでなくても、アジアなら安くお手軽に楽しむことが可能だ。

例えばタイのプーケットやクラビでは1日600円程度のレンタルバイク（スクーター）を借りれば、点在するビーチを駆け抜けては海に入り、違うビーチに入り、そしてまた移動する……南国の風が自然に体を乾かしてくれるという何から何まで低コストで楽しむ方法だってある。大きな声では言えないが、場所によってはノーヘルメットで走ることができるのは、先進国ではない国の特徴でもある。バイクを発明した人間は、もともとヘルメットなど要せず、体全体で風を感じることを楽しみたいがゆえに設計したのではないかと思わせてくれるほどの心地良さ。スリランカにしてもタイにしても、未発達な部分が残っているがゆえに、このような楽しみ方ができるのだ。先進性のある国や人ばかりが優れているわけではなく、文明が成長していくからこそ未開な部分との絶妙な融合が存在するわけで、それは我々社会に生きる人間にも言えることだと思えてならない。

頭を使えばいかようにでも楽しむことはできるし、どう楽しむかということに対しても貪欲になることができる。肩の力の抜き方を、文字通り自然が自然と教えてくれることで、スイッチのオンとオフが身に染みてくる。オフの仕方が不得意な人や、仕事に疲れた人……そんな人は難しい本とにらめっこして生きるヒントを模索するよりも、もっと体を自然に投げ出した方がいい。自分の価値観に落とし込めない場所に行って、人々が暮らす場所に触れることができれば、新しい価値観は簡単に見つけることができるはずだ。

旅で感じたもの～『プシュカルの絵葉書』

スリランカを紹介した際にも触れたが、本書でインドについて触れることについては悩むところがある。というのも、西アジアに位置するインドもアジアであることに変わりはないのだが、その世界観はあまりに独特で旅先として推奨するには、それなりの経験を踏まえて訪れることが望ましいと思うからだ。

「世界はインドかインドではないかに分かれる」とも言われるほど強烈な個性を放つ国・インド。それゆえこの地から感じることは多々あるだけに、自分の糧となる体験を得ることも多い。旅先としては今回はスルーしたが、印象深いエピソードに関しては、ここに1つだけ紹介させていただければと思う。僕の人間関係や仕事関係において根を下ろし続ける忘れがたい出来事である。

ヒンズー教の聖地の1つであるプシュカル。町の中心にある湖を取り囲むように白亜の家屋と寺院が林立し、水辺のガート（川岸や水辺に設置された階段）には多くのインド人の巡礼者が黙々と祈りを捧げ、生活を営んでいる。プシュカルには400の寺院と52のガートがあるが、人々はどこか篤実で、北インドにおいてこの町ほど、その美しい町並みと相まって〝静謐〟という言葉が似合う町はないかもしれない。過ごしやすく、程よい町の大きさもあって、今なお個人的に好きなインドの町の1つとして脳裏に焼き付いている。

気に入った旅先から友人や自分に宛ててハガキを出すことを楽しみとしている僕は、ご多分に漏れずプシュカルからも送ることを決めた。町の雑貨屋で絵葉書を手に取って眺めていると、「日本までの切手も一緒にどうだ?」と店番をしていた若い男性に勧められたので、何枚かの絵葉書と切手を一緒に買うことにした。500円ほど支払って、宿に戻り文をしたためていると、何かモヤモヤする。「はて? 500円支払ったものの切手代ってそんなに高かったか?」と。ハガキは5枚で50円ほどだっただろうか。調べてみると、切手は1枚約Rs10(日本円にして約20円)、つまり5枚で本来約100円ということになる。先の絵葉書代と合わせて約150円。3倍以上、取られているじゃねぇか。

その場の雰囲気に流され500円を支払ってしまったが、考えれば考えるほど、適当に購入した自分にも腹が立ったし、何よりこの温厚な町でいかにも北インド的な洗礼を受けたことに対して、はらわたが煮えくり返ってきた。デリーやアーグラー、カルカッタ、バラナシ、ジャイプールなど北インドと呼ばれるエリアにおいて大小のぼったくりは、睡眠、食事、排便同様、ごくごく自然に発生する自然の営みだと割り切っていたが、静謐の町・プシュカルでも発生することが無性に許せなかった。心地よく良く過ごしていた人の気分をテキトーに害してくることがどうしても腑に落ちなかったのである。

たかだか350円ほどの損失であるが、このまま引き下がるのは同じくテキトーに購入してしまった自分自身に対しても落としどころを見つけることができない。先程の店に事情を説明してもらおうと乗り込むことを決めた僕は、まだ書きかけだったハガキを含め、購入したすべての絵葉書を持って、静かな憤怒を抱きつつ陽の落ちかける湖へ踵を返した。

「タココラ、キサマ、何がしたいんだコラッ！」。と、一にも二にも乗り込みたい気持ちはあったが、あくまで冷静さがなければ交渉はできない。曲がり角から隠れるように先ほどの店を覗くと、奴はのん気な顔をしてまだ店番を続けていた。カメラを取り出した僕は、先ほどの男性の顔に目一杯ズームをしたレンズを向けるや、写真週刊誌のカメラマンよろしく何枚かパシャパシャと撮り、そして彼の元へと乗り込むことにした。

「やあ！　さっきはありがとう！」と笑いながら声をかけた僕に対して、「おお！　ブラザー！」といった様子で破顔一笑してきやがった店番野郎。内心は「お！　またカモがきた！」とか思っていたに違いない。そのニヤけた面が気に食わなかった僕は、静かな口調で「確かめたいことがあるんだけど」と切り出した。

意を得ていない表情をする彼に、「いやいや、倍以上ふんだくっているよね？　あれはどういうことだよ。おい」と伝えるや、彼は焦りの色を見せながらも慎重に取り繕うように、「そんなことないよ」と誤魔化してきた。「そんなことないわけないだろう？　宿のオーナーに聞いたら切手代は約20円だと言っていたよ。明らかに合計金額が合わないだろ？」と話すと、店番の男はへつら笑いを浮かべながら、「切手を舐めてハガキに付けた、その作業代だよ」と抜かしてきやがった。これでカッチーンときた。お前のツバは一滴いくらだタココラ、である。

「わかった。この写真を見ろ。お前の顔だ。これを今から警察に見せる。あと、俺は日本でマガジンライターをしている。日本にこの店で商品は買うなと、お前の顔入りで掲載することにする。じゃあな」

と宣告すると、狼狽を絵にかいたように慌てふためき出した彼は、「返すよ！　返すからやめろ！」とレジスターから約450円ほど取り出し、返金してきた。ちなみに、約50円分足りないのは、「これを見ろ」と提示した際の切手の貼られた書きかけの絵葉書に商品価値がないため返却できなかったからである。とは言え、こちらとしてもそのハガキを今更受け取るのも癪だったので、「いらん」と突き返し、自分のミスを最小限に修正できたことに、とりあえず安堵するばかりだった。

断っておくが、あくまでかまをかけたに過ぎない。店番がシラを突き通した場合、本当に警察に行っていたかは分からないし、日本でそんな大人げないことをする気もなかった。そもそもどちらの行為も何の役にも立たない、無意味な自慰行為でしかないことも重々承知している。おまけに、これが銃社会が横行している国であったり、夜中であったりした場合は、こんな駆け引きはしていなかっただろう。ただ、この状況において何かしらやらないことにはどうにも納得ができなかっただけである。「たかだか、云百円の世界に何をこだわっているんだか」とあきれたのは、他ならぬ僕自身である。結局、プシュカルでハガキを送るタイミングを逸した僕は、他の町から出すことにした。

帰国して1週間ほど経つと、僕の下にも友人たちの下にも無事にハガキは届いた。お気に入りの地からハガキを届けることができないことに寂しさはあったが、仕方がない。

日本に戻ってきて3ヵ月ほど経ったころだろうか。ハガキが届いたはずの友人から「またインドに行ったの?」という知らせを受けた。「行くわけないよ。行ったばかりなんだから」と返信を送ると、「手紙が届いたんだよね」という。そんなバカな。「ただささ、文章が途中で終わっているんだよ」と友人は言う。まさか……。

後日、その手紙を見ると、あのときプシュカルで投げ返した絵葉書だった。そういえば、奴と口論をしているときに、奥におじいさんが寝ていた……しからば、その店は彼が仕切っているのではなく、他の誰かが店主として構えていることは想像に難くない。一部始終を知らない誰か、それは店主なのか、はたまた寝ていたジイさんかは分からないが、3か月後くらいに偶然、釣銭横に放置されている手紙を発見し、「ん？ なんと書いてあるか分からんが、住所らしきものもあるし、切手も貼ってある。なんで出さないんだろ？ まぁ、出しとくか」となったのではないか。

その手紙が、今、僕の手元に届いている。どこまでその経緯が正しいかは分からないが、1つだけ言えることがある。どんな些細なことであろうとも、くだらないことであろうとも、云百円の世界であろうとも、一生懸命やった結果、奇縁が巡り、絵葉書が僕の手に届いている事実があるということである。人は仕事でも出会いでも、必ず見返りを求めがちになる。「自分はこれだけやったのに、その後仕事を回してくれない。納得がいかない」「なぜここまでやったのに褒めてくれないんだ」、いろいろと思うところが出てくる。

だが、人間関係や評価というのは、きっと地下水脈のように見えないところでつながっているのではないだろうか。先の発言や思惑は、自らの手で貴重な水脈を断ち切っているのではないか。自分が「一生懸命やった」と思えるなら、それでいいではないか。必ず巡り巡って、自分の手元にやってくる。「なぜ仕事が来ないんだ」と思う前に、一生懸命やったかどうかこそ胸に手を当てて考えるべきことだろう。僕は、期せずして受け取ったその絵葉書を見て以来、仕事観がガラリと変わってしまった。自分が納得できる範囲で行動したのなら、あとは過去から手紙が届くだろう、と。過去の自分が、まさかこんな形で自分にメッセージを寄こすとは思いもよらなかった。「異国に出かけるということは、つくづく面白いもんだなぁ」。時折、そんなことを思いながら、その手紙を眺めては仕事に励むようにしている。

自信はあとからついてくる。大事なことは根拠があるか否か

イスラエルはスタートアップ大国と呼ばれ、人口わずか800万人ほどの小国ながら日本はもちろん中国やインド、イギリスよりも起業数が多いという。ゼロからイチを作る国としてその名を轟かしているわけだが、この国には〝若いうちに世界を旅する〟という面白い習慣がある。僕も旅の途中でよく、イスラエルから来たという若い世代と出会う。

イスラエルには兵役義務があるためその期間にまとまったお金が溜まる、そして世界各地にイスラエル人ネットワークがある、など若くして海外に出かけやすい環境があるとは言え、イスラエル人の「外の世界を見て学ぼう」という野心は並々ならぬものがある。彼らの行動力を見ていると、自らの手で新しいものを作り出そうとする起業精神に納得するし、逆に言えば、海外を見て回ることはそれだけ自分に新しい価値観を植え付ける苗床のような存在だと再確認させられる。

彼らのように野心を持って海外に出かけることは敷居が高すぎるし、息が詰まってしまうかもしれない。ゆえに、最初は些細な動機でも何ら問題ない。それに誰もが最初から有意義な体験ができるとは限らない。作物が育つには春夏秋冬が必要だ。1章で述べたように少しの心構えを持ち、点を線にする意識を持てば必ず芽が出て収穫の時期が訪れる。

と言っても、何度も海外に行くこと、つまりは場数を増していくことが感性や自信に直結するかと言われればそうでもない。よく「場数を増やして自信を高めていけ」と耳にするが、なんとも嘘くさい言葉だなぁと思う。場数を増やしたところで深められない自信も数多くあるに決まっている。

だからこそ、〝根拠〟を第一に考えてほしいと思う。あなたが海外に行けば、そこでさまざまな出会いや経験を得るだろう。楽しいこと、感動したこと、凹むこと、腹が立つこと、いろいろな感情が沸き起こるとき、あなたの周りには誰かしら、何かしらが存在して、そういう環境になっている。旅行から戻ってきて振り返ったとき、短期間でどれだけ旅路に根拠があったかを考えてほしい。自信にならなくても根拠があれば、それでいい。

例えば、行きたかった目的地に行けなかったとする。結果だけ見れば、行きたかった場所に行けなかったわけだから自信を喪失する機会に映るかもしれない。だが、そこに到るまで、「タクシーの運転手に交渉した（ものの値段で折り合いがつかなかった）」「ターミナルでバスの運転手に確認した（意思の疎通がかなわなかった）」「インフォメーションセンターで情報収集した（ものの正確性が得られず断念した）」などできる限りのことをして試行錯誤を経たプロセスがあれば、立派な根拠として自分のなかに落とし込むことができる。

職場で仕事がうまくいかないという人。その仕事に自信があるかないかを考える前に、自分の仕事における環境にどれだけ根拠があるかを考えてみてほしい。「周りのサポートがある」「できる限りの準備をした」「誠意を持ってクライアントに会っている」……振り返ったときに、「自分はこれだけ根拠がある」と思えるなら、それは立派な肥やしになっているじゃないか。足跡を見返してみて根拠がないのであれば、自信云々以前に、これからは根拠が得られるようにどう立ち居振舞えばいいかに注力してほしい。ヘタな自信を抱くより、経過に対してそのとき自分自身が何をしていたか、そこを見つめることができるかできないかが、あなたにとって〝手応え〟＝〝成長〟を意味するのではないかと思う。

何かをするとき、人はすぐに実績や結果を求めがちになる。その気持ちは分からないでもない。だが、実績や結果のなかにはすぐに出ないものもある。懸命に汗水たらして動いたにも関わらず音沙汰なし、なんてこともあるだろう。そういうときは根拠を見つけてほしい。自分が納得できる根拠があれば、結果オーライである。

〝ビジネスシーンで求められている〟スキルなんてものに対しても結果や自信を求めようとするから気持ちがはやるんです。「コミュニケーション能力」「理解力」「自己管理能力」「行動力」「主体性」「計画性」などは、普段から備えていてほしい力であり、別段ビジネスの場面に特化した力じゃないはずだ。普通に生きていくうえで〝あるにこしたことがない力〟が、勝手に〝ビジネスの場で求められている力〟というように祀り上げられているだけ。だからこそ僕は、普通に生活する環境下において無意識でそれらのアンテナが高くなる環境下、海外に出かけることこそ、一番手っ取り早く根拠を得られる機会なのではないかと思っている。普通に備わっている力……本来誰もが持っている能力がたまたま散らばってしまっているだけかもしれない。こういう体験をしたから自分はこうだと考えることができる。根拠を拾い集めに、ぜひ海外に出かけてほしい。

ＪＴＢ総合研究所『海外旅行実態調査』によると、出国率において海外旅行日数で短期間（1〜4日間）の割合は、近年30％を越え過去2番目に高かった２０００年（約22％）をはるかに超える数値を弾き出しているという。加えて、ＳＮＳの普及が重なり、海外にいても「いいね」をはじめとした反応が得られる時代、言わば、ひとり旅が孤独な旅ではない＝〝ひとりぼっちの旅ではない〟という認識が浸透しつつあり、今後、若い世代が積極的に『安近短』な海外旅行に出かけるケースは増えていくと予想されている。

僕が敬愛する民俗学者であり、フィールドワークにその身を投じ、『旅学』を提唱した宮本常一氏は、「風のように旅をしろ」と書き記している。土地土地の風を感じ、その風に逆らわず、自然と受け入れ、現地の人々と風のように付き合っていけ、と。いずれ帰らなければならない旅行者は、所詮、吹き抜ける風でしかない。

コミュニケーションという言葉がある。どの企業も働く人たちに対して第一に求める能力は、このコミュニケーションというやつらしい。学生時代、クラスの人気者として腕を鳴らした人物が、「オレ、会話力ありますから!」と意気揚々と社会人デビューし、木端微塵に撃沈させられる……そんな話をよく聞く。社会に求められるコミュニケーション能力をひもといていくと、どうやら「状況に応じてどんな人とも会話が成立するため、物事を理解し客観的に説明できる能力」ということになるようだ。これはもうコミュニケーション能力と呼ぶには、あまりに広義すぎるんじゃないかと思う。

社会が人材に求めるスキルというのは、もはや〝後出しじゃんけん〟よろしく、何でもありの状況になっている。みなが納得するコミュニケーション能力を突き詰めると、結局それは正体不明のもので「これ」と断定できる答えはおそらくないのではないだろうか

そういうなかでコミュニケーションとは何かを僭くも一考してみると、僕は気配りがでぎる人、優しい人、統率力のある人、そういうことができる人たちのことを指すのではないかと思う。自分の今いる状況を俯瞰できるからこそ、気配りができたり、まとめようと率先して動くことができたりするのではないだろうか。コミュニケーション能力が優れている人物=話術に長けた人物と考えてしまうから混乱してしまうわけで、〝全体を把握する

こと〟と割り切って考えてしまえばスッと胸のつかえが取れるような気がする。周りがどういう状況になっているか察知できれば、「配慮がある」「優しさがある」「統率力がある」などの行動につながり、言葉が拙くても相手に〝自分〟を伝えることができるようになる。気配りをされたり、優しい言葉をかけてもらったりしたときに、「ありがとう」と言いたくならないだろうか？　言葉はなくても立派にコミュニケーションが成立している何よりの証拠だと思う。そういう側面から考えるコミュニケーションの伸ばし方を考えていくと、やはり海外旅行というものはとてつもなく効力をもたらすものだと思うんです。

言葉が通じなくても、吹き抜ける風のごとく〝気持ちのよい〟言動をしてみれば、きっと旅行者の脳裏と胸に刻まれる大きな体験となるはず。僕自身、それを肌身で感じてきただけに、ぜひ本書を手に取った皆さんにも、一歩と言わず二歩、三歩と海外旅行に足を伸ばしてほしいと思う。

本書はさまざまな方との交流なしでは生まれなかった産物だと心から思います。

旅先で出会い言葉やお酒を交わした旅行者たち、そして、いつも「いってらっしゃい」「おかえりなさい」と声をかけてくれるお世話になっている方々がいるからこそ本書のヒントは生まれたと思っています。僕が海外旅行に出かけるきっかけを作るだけでなく、本書にもたくさんの助言を授けてくださった川辺正人さんには感謝の言葉しかありません。そして、旅行の土産話に耳を傾けていただき星海社との懸け橋を作ってくださった著作家・PRプランナーである中川淳一郎さん、本当にありがとうございました。最後に、これまで旅行で得た、ややもすれば暗闇に葬り去られていたかもしれない体験に光を与えるだけでなく、目に見えるカタチにまで昇華していただいた担当編集・今井雄紀さんのご尽力に心より感謝の意を示させてください。ありがとうございました。

多くの偉人たちが〝人生は旅である〟などと講釈をたれることに、「それっぽいこと言ってんじゃないよ!」と反目しておりましたが、皆さまのおかげで「あながちそれも間違っていないかもしれない」と思える今日この頃です。間違いなくこの本は、旅路の先に出来上がったものであると万謝しております。

最後まで本書に目を通してくださった皆様、ありがとうございました。ご感想、ご意見、ご叱声などなど、お聞かせいただければ幸いです。近い将来、この本を手に取った皆さんと、地球のどこかでお会いできる日を楽しみにしております。

2015年　7月26日　我妻弘崇

週末《しゅうまつ》バックパッカー　ビジネス力《りょく》を鍛《きた》える弾丸海外旅行《だんがんかいがいりょこう》のすすめ

二〇一五年八月二五日　第一刷発行

著者　我妻弘崇《あづまひろたか》

発行者　藤崎隆《ふじさきたかし》・太田克史《おおたかつし》
編集担当　今井雄紀《いまいゆうき》
発行所　株式会社星海社
〒一一二-〇〇一三
東京都文京区音羽一-一七-一四　音羽YKビル四階
電話　〇三-六九〇二-一七三〇
FAX　〇三-六九〇二-一七三一
http://www.seikaisha.co.jp/
発売元　株式会社講談社
〒一一二-八〇〇一
東京都文京区音羽二-一二-二一
(販売) 〇三-五三九五-五八一七
(業務) 〇三-五三九五-三六一五
印刷所　凸版印刷株式会社
製本所　株式会社国宝社

アートディレクター　吉岡秀典《よしおかひでのり》(セプテンバーカウボーイ)
デザイナー　佐藤亜沙美(サトウサンカイ)
フォントディレクター　紺野慎一《こんのしんいち》
本文図版　meyco《めいこ》
校閲　鷗来堂《おうらいどう》

ISBN978-4-06-138575-7
Printed in Japan

71
SEIKAISHA SHINSHO

次世代による次世代のための

武器としての教養
星海社新書

星海社新書は、困難な時代にあっても前向きに自分の人生を切り開いていこうとする次世代の人間に向けて、ここに創刊いたします。本の力を思いきり信じて、みなさんと一緒に新しい時代の新しい価値観を創っていきたい。若い力で、世界を変えていきたいのです。

本には、その力があります。読者であるあなたが、そこから何かを読み取り、それを自らの血肉にすることができれば、一冊の本の存在によって、あなたの人生は一瞬にして変わってしまうでしょう。思考が変われば行動が変わり、行動が変われば生き方が変わります。著者をはじめ、本作りに関わる多くの人の想いがそのまま形となった、文化的遺伝子としての本には、大げさではなく、それだけの力が宿っていると思うのです。

沈下していく地盤の上で、他のみんなと一緒に身動きが取れないまま、大きな穴へと落ちていくのか？　それとも、重力に逆らって立ち上がり、前を向いて最前線で戦っていくことを選ぶのか？

星海社新書の目的は、戦うことを選んだ次世代の仲間たちに「武器としての教養」をくばることです。知的好奇心を満たすだけでなく、自らの力で未来を切り開いていくための〝武器〟としても使える知のかたちを、シリーズとしてまとめていきたいと思います。

2011年9月

星海社新書初代編集長　柿内芳文

SEIKAISHA SHINSHO